Roswitha Scheidler

Spouzn, Schoppala & Schwammerbröih
Althergebrachte und neue Oberpfälzer Küchengeheimnisse

Roswitha Scheidler
Wolfgang Benkhardt

Spouzn, Schoppala & Schwammerbröih

Althergebrachte und neue Oberpfälzer Küchengeheimnisse

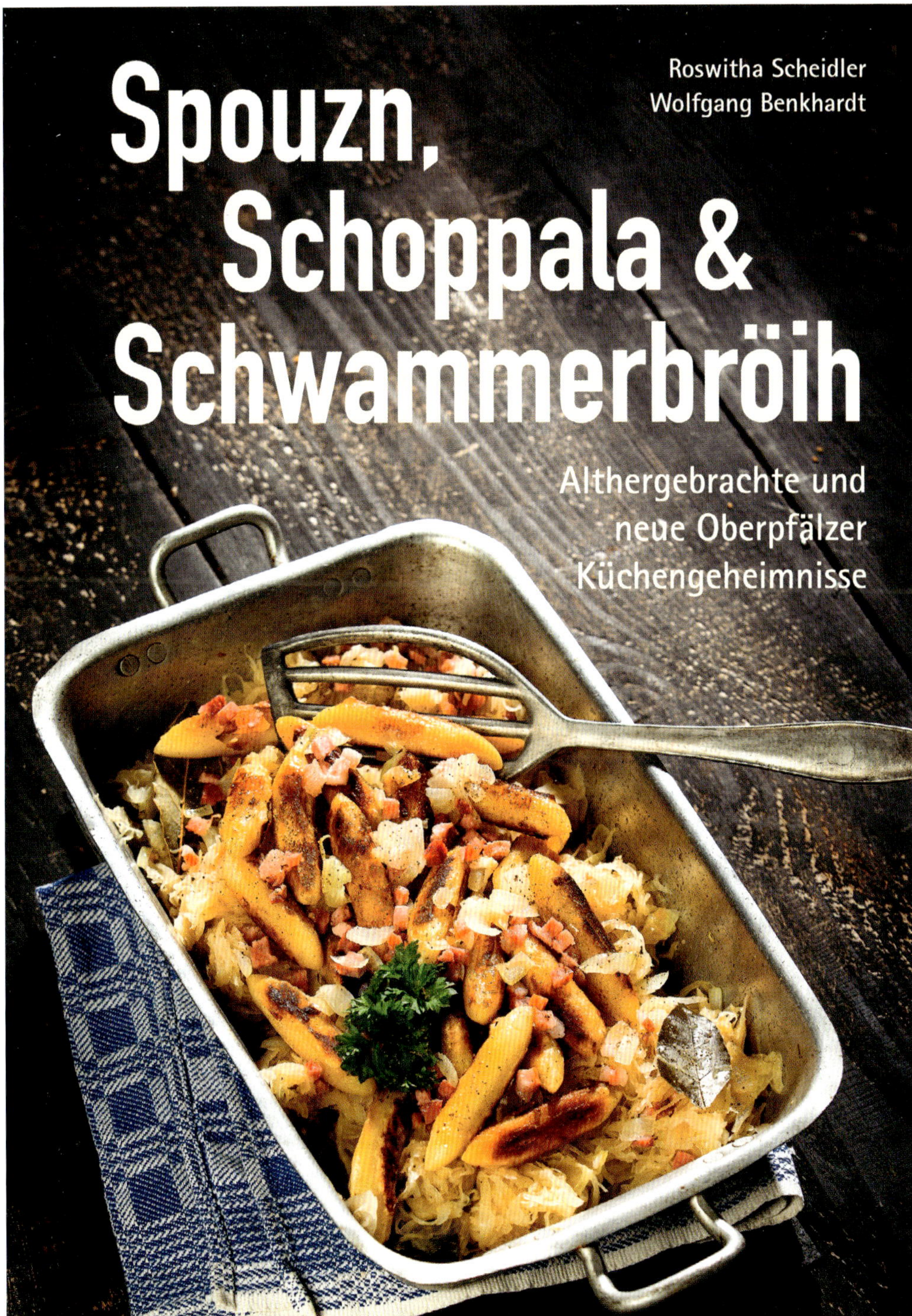

BUCH- UND KUNSTVERLAG OBERPFALZ

Bibliografische Information der Deutschen Nationalbibliothek

Die Deutsche Nationalbibliothek verzeichnet diese Publikation in der Deutschen Nationalbibliografie; detaillierte bibliografische Daten sind im Internet über http://dnb.dnb.de abrufbar.
ISBN 978-3-95587-112-3

MIX
Papier aus verantwortungsvollen Quellen
FSC® C014138
FSC
www.fsc.org

Für uns, die Battenberg Gietl Verlag GmbH mit all ihren Imprint-Verlagen, ist Nachhaltigkeit ein wichtiger Teil unserer Unternehmensphilosophie. Daher achten wir bei allen unseren Produkten auf den Einsatz umweltschonender Ressourcen und Materialien.
Dieses Buch wurde auf FSC®-zertifiziertem Papier gedruckt. FSC (Forest Stewardship Council®) ist eine nicht staatliche, gemeinnützige Organisation, die sich für die verantwortungsvolle und ökologische Nutzung der Wälder unserer Erde einsetzt.

Unsere Partnerdruckerei kann zudem für den gesamten Herstellungsprozess nachfolgende Zertifikate vorweisen:
- Zertifizierung für FOGRA PSO
- Zertifizierungssystem FSC®
- Leitlinien zur klimaneutralen Produktion (Carbon Footprint)
- Zertifizierung EcoVadis (die Methodik besteht aus 21 Kriterien in den Bereichen Umwelt, Einhaltung menschlicher Rechte und Ethik)
- Zertifikat zum Energieverbrauch aus 100 % erneuerbaren Quellen
- Teilnahme am Projekt „Grünes Unternehmen“ zum Schutz von Naturressourcen und der menschlichen Gesundheit

Rezepte: Roswitha Scheidler
Texte: Wolfgang Benkhardt
Layout & Satz: Margit Schmidt

9. Auflage 2024
ISBN 978-3-95587-112-3

www.battenberg-gietl.de

„Milch, Mehlspeisen und Kartoffeln …

… sind die Hauptbestandtheile jedes Mahles. Früh Milch- oder Kartoffelsuppe. Mittags gleiche Suppe mit Klößen von verschiedener Form aus schwarzem Mehl oder Kartoffeln, oder bloß Kartoffelbrei, als Dessert gebratene ganze Kartoffeln in der Schale, die in bessern Bauernhäusern den ganzen Tag in der Asche rösten, Abends die gleiche Suppe und den ganzen Tag das selbstgebackene schwarze, saure Roggenbrod. An Feiertagen und besonderen Festtagen, in beßern Häusern alle Sonntage, kommt Sauerkraut, das einzige Gemüse, das der Bauer kennt, mit selbst geräuchertem Schweinefleische oder Rindfleisch.

Im Sommer wechselt in heißen Tagen mit den obigen Suppen auch eine Biersuppe, bestehend aus aufgeschnittenem Brod, über das ein paar Maaß Bier oder Covent (Nachbier) geschüttet wird, und mit den obigen Speisen große Schüsseln mit grünem Kopfsalat in Essig ohne Oel.

Nur ein oder zweimal im Jahr kommt frisches Fleisch mit gekochtem Merrettig an die Reihe.“

Bezirksarzt Dr. Wilhelm Brenner-Schäffer
aus Weiden 1861 über den Speiseplan in der Oberpfalz

Liebe geht durch den Magen ...

Liebe – so heißt es – geht durch den Magen. Der Magen – so behaupte ich – zieht sich durchs Gemüt.

Die Liebe gilt in diesem Fall der Region Oberpfalz mit ihrer gesamten Vielfalt auf engstem Raum. Ein Magen, der sich wohl fühlt, kann eine gute Stimmung hervorbringen, in der der Landstrich, dessen Küche er dieses Wohlbehagen verdankt, mit allen Sinnen wahrgenommen werden kann. Wenn beim Genuss einer Ossobuco gleichzeitig vor dem inneren Auge das Bild sanfter toskanischer Zypressenhügel entsteht, warum sollte dann nicht ein gut zubereiteter Oberpfälzer Karpfen das Bild der Oberpfälzer Teichlandschaft mit ihren Teichen und Seen zwischen schön gebuckelten Waldbergen hervorrufen? Oder ein Juradistl-Lammgericht die mit Wacholder bestandenen Trockenrasenhänge des Oberpfälzer Jura mit allen Düften und Farben eines heißen Sommertages?

Und da sind wir beim Hauptanliegen dieses Buches gelandet. Es soll nicht nur ein regionales Kochbuch sein, sondern die Oberpfalz insgesamt als Kulturregion mit allen Sinnen erfahrbar machen. Dazu gehört die vielfältige Kulturlandschaft mit ihren köstlichen Produkten genauso wie die Menschen, die sie produzieren und vermarkten. Stichworte sind hier gesundes Kochen mit frischen und natürlichen Rohstoffen, Direktvermarktung, Regionaltheken usw.

Die im Buch abgebildeten Menschen aus der Oberpfalz mit ihren Produkten verleihen der Region ein Gesicht, alte tradierte Kochrezepte, Schnodahüpfln, Reime, Bräuche und Weisheiten um die Küche und nicht zuletzt die Oberpfälzer Mundarten erfüllen sie mit Leben, das prall zwischen den Buchdeckeln hervorquillt. Eine Stärkung auch des Oberpfälzer Selbstbewusstseins!

Das freut den Heimatpfleger dieses schönen Bezirks, dazu wünscht er dem Buch die Aufmerksamkeit möglichst vieler Menschen innerhalb und außerhalb der Oberpfalz, die Spaß haben, die wunderbaren alten Rezepte nachzukochen, um dann mit allen Sinnen eine der vielfältigsten Kulturregionen Bayerns zu genießen.

Dr. Franz Xaver Scheuerer,
ehem. Bezirksheimatpfleger der Oberpfalz

Mengen:
Die Zutaten für die Gerichte im Kochbuch sind, soweit nicht anders angegeben, für vier Personen ausgelegt.

Abkürzungen:

g	= Gramm	EL	= Esslöffel
kg	= Kilogramm	ml	= Milliliter
TL	= Teelöffel		

Das ausführliche Inhaltsverzeichnis mit allen Einzelrezepten finden Sie ab Seite 156.

Suppn

Schnalzn
Bröih

| mit Milli | Schnilling | Broud | Böia | Gnofl | Bäiderl |

Bunte Erdäpfelsuppn

Bunte Kartoffelsuppe

750 g Kartoffeln
½ Sellerieknolle
1 Stange Lauch
2 Gelbe Rüben
1 Zwiebel
50 g Räucherbauch
1 Knoblauchzehe
1½ Liter Brühe
Erbsen
Blumenkohl
Brokkoli
grüne Bohnen (nach Jahreszeit)
Milch oder Rahm

Sellerie, Lauch, Gelbe Rüben und Zwiebel putzen, in Würfel schneiden und in wenig Fett mit gewürfeltem Räucherbauch und Knoblauchstückchen goldgelb rösten. Mit Brühe aufgießen, übriges Gemüse und Kartoffeln zerkleinern und zugeben. 15 bis 20 Minuten kochen. Am Schluss Suppe durchstampfen oder pürieren (nach Belieben) und mit Milch oder Rahm verfeinern.

Oa-Schlog-Suppn / „Gaache Doudsuppn"

Eierschlagsuppe, Jäher-Tod-Suppe

4 bis 8 Eier
Salz
Pfeffer
Muskatnuss
1 Liter Brühe oder Wasser

In eine Schüssel gibt man ein bis zwei Eier pro Person und würzt sie mit Salz, Pfeffer und geriebener Muskatnuss. Anschließend die Masse mit dem Schneebesen verschlagen und kochende Brühe vom Huhn, Rindsknochen oder einfach nur kochendes Wasser unter ständigem Schlagen dazugeben.

Dazu gab's Brot mit Butter und Schnittlauch. Die Suppe war auch als schnelles Essen in der Erntezeit weit verbreitet.

Der Ausdruck „Gaacha Doud" stammt von Roswitha Scheidlers Schwiegervater Josef Scheidler, dem Bürgermeister der früheren Gemeinde Roschau im Landkreis Neustadt a. d. Waldnaab. Er brachte damit immer wieder seinen Unmut über das eilige Ernteessen zum Ausdruck.

Lewagniadlsuppn

Leberknödelsuppe

2 Zwiebeln

Petersilie

10 Semmeln

250 g durchgedrehte Rindsleber

125 g Butter

Milch

3 Eier

Salz, Pfeffer, Majoran

Muskatnuss

ungespritzte Zitronenschale

1 1/2 Liter Rindssuppe oder Fleischbrühe

Zwiebeln klein schneiden, eine Handvoll Petersilie hacken, Semmeln in kleine Stücke reißen und mit Leber, Butter, etwas Milch und Eiern zu einem Knödelteig verarbeiten. Mit Salz, Pfeffer, Majoran, Muskatnuss und etwas Zitronenschale abschmecken. Am Schluss die Knödel formen und in kochende Rindssuppe oder Fleischbrühe einlegen. 15 bis 30 Minuten (je nach Größe) ziehen lassen (nicht kochen). Wenn die Knödel oben schwimmen, sind sie fertig.

Fröih- und Af-d'Nacht-Suppn

Früh- und Abendsuppe

5 – 6 mittlere Kartoffeln
1 1/2 Liter Wasser
Selleriegrün
Maggikraut
Salz
1 Zwiebel
2 EL Butterschmalz

Kartoffeln schälen, in Stücke schneiden und in den Topf mit Wasser geben, mit Selleriegrün, Maggikraut und Salz würzen und das Ganze weich kochen. Dann die Zutaten grob pürieren und mit Salz abschmecken. Zwiebel klein schneiden, in Butterschmalz goldgelb rösten und damit die Suppe schmalzen. Die klassische Zutat sind Brotstückchen.

„In da Fröih hod's a Bröih gem
und z'Mittoch an doudn Hund,
af d'Nacht a saure Suppn,
owa d'Leit, döi worn gsund."

Schnodahüpfl

Pfannakouchnsuppn

Pfannkuchensuppe

Grundrezept:
Klare Brühe von Rind, Henne oder Gemüse
vier übrig gebliebene Pfannkuchen

Vier übrig gebliebene Pfannkuchen in feine Streifen schneiden und mit einem Liter heiße Brühe übergießen und mit Schnittlauchröllchen servieren.

Kürbissuppn

Kürbissuppe mit Curry und Knoblauch

1 kg Kürbis
2 große Zwiebeln
5 Knoblauchzehen
50 g Butter
1 Liter Brühe
2 EL Curry
Salz
Pfeffer
Sahne

Zwiebeln und Knoblauch in kleine Stücke schneiden und in Butter andünsten, Kürbis ebenfalls in Stücke schneiden, mit der Brühe zugeben und mit Curry würzen. Die Suppe 20 Minuten kochen lassen, fein pürieren, dann mit Salz und Pfeffer abschmecken und mit Sahne verfeinern. Am besten serviert man die Suppe mit Brot oder Toastbrot.

Gröißnockerlsuppn

Grießnockerlsuppe

1 Ei

40 g weiche Butter

60 g Hartweizengrieß

1 TL Salz

1 Messerspitze gemahlene Muskatnuss

1½ Liter klare Brühe (von Rind, Henne oder Gemüse)

Schnittlauch

Ei, Butter, Hartweizengrieß, Salz und Muskatnuss zu einem Teig verrühren. Kochende Brühe bereitstellen. Mit zwei Teelöffeln aus dem Teig Nockerln formen und in die kochende Suppenbrühe einlegen. Mit Schnittlauchröllchen bestreut servieren. Wenn alle Nockerln oben schwimmen, sind sie fertig.

Tipp: Wenn man die Löffel immer wieder in eine Tasse mit kaltem Wasser eintaucht, kleben die Nockerln beim Formen nicht so leicht an.

Gwusst wöi:

Selwa gmachte Bröih

Selbst gemachte Brühe

Wer gesund und nahrhaft kochen will, sollte auch versuchen, die Brühe für die Suppen selbst herzustellen. Die Zutaten dafür kann man beim Metzger bestellen, im eigenen Garten ernten, auf Bauernmärkten oder küchenfertig aus der Tiefkühltruhe kaufen. Die Brühe lässt sich auch in größeren Mengen auf Vorrat herstellen.

Knochnbröih

Klare Knochenmarkbrühe

1–2 kg Rindsknochen (Markknochen) beim Metzger bestellen und im heißen Topf mit Wurzelwerk (Sellerieknolle, Gelben Rüben, Petersilienwurzeln und Lauchstücken) goldbraun rösten und mit zwei bis drei Liter kaltem Wasser ablöschen. Etwas Salz, Pfeffer und Liebstöckelblätter (Maggikraut) zugeben und im offenen Topf etwa eine Stunde sanft köcheln lassen. Man lässt die Suppe etwas erkalten, gießt sie ab und kann sie dann weiterverwenden.

Diese Knochenbrühe eignet sich sehr gut zum Bevorraten, da man sie portionsweise einfrieren kann.

Hennasuppn

Selbst gemachte Hühnersuppe

1 Bund Wurzelgemüse (Porree, Sellerie, Gelbe Rüben, Petersilie)
2 Liter Wasser
1 Sträußlein Maggikraut
1 küchenfertiges Suppenhuhn
Salz
Pfeffer
Reis oder Nudeln
Schnittlauch

Im Topf das zerkleinerte Wurzelgemüse mit Wasser und Maggikraut aufkochen. Das Suppenhuhn salzen und pfeffern und in die kochende Brühe legen. Ein bis zwei Zweige vom Maggikraut (Liebstöckel) zugeben. „D'Henna" lässt man bei kleiner Hitze so lange kochen, bis sie weich ist. Dann Haut und Knochen entfernen und das Fleisch klein schneiden. In die abgegossene Suppe Reis oder feine Suppennudeln einstreuen und dann noch einmal aufkochen, bis der Reis oder die Nudeln weich sind. Das Fleisch dazugeben und mit Schnittlauch bestreut servieren.

Roude-Roum-Suppn

Rote-Rüben-Suppe mit Ingwer und Knoblauch

2 große Zwiebeln
5 Knoblauchzehen
1 Ingwerwurzel
50 g Butter
500 g Rote Rüben
1 Liter Brühe
Salz
Pfeffer
Sahne
Semmelwürfel

Zwiebeln würfeln, Knoblauchzehen klein schneiden. Ingwerwurzel in Scheiben schneiden und in Butter andünsten. Rüben schälen, in Stücke oder Scheiben schneiden und fünf Minuten mitdünsten. Anschließend Brühe aufgießen, mit Salz und Pfeffer würzen und ca. 20 Minuten leicht kochen lassen. Am Schluss Suppe fein pürieren, mit Sahne verfeinern und mit gerösteten Semmelwürfeln servieren.

Roude Raner

Rote Rüben

Broggerlkohl

Rosenkohl

Weiße Suppn mit abgrührte Erdäpfl

Buttermilchsuppe mit Kartoffelgericht

1 Liter Wasser
ca. ½ Liter Buttermilch
2–3 EL Mehl
Salz
1 Becher Sahne
für abgrührte Erdäpfl:
Kartoffeln
Butter
3–4 Eier
Schnittlauch

Wasser zum Kochen bringen. Buttermilch mit Mehl und Salz verquirlen, in das kochende Wasser einrühren, aufkochen lassen und abschmecken. Sahne in die nicht mehr kochende Suppe einrühren.

Für die abgrührten Erdäpfl Kartoffeln kochen, schälen und mit einer Gabel grob zerdrücken. In einer Pfanne Butter heiß werden lassen, Kartoffeln zugeben, salzen. Drei bis vier Eier verquirlen und lockere Rühreier herstellen und salzen. Kartoffeln und Eier locker vermengen. Frischen Schnittlauch klein schneiden und untermengen. Dazu gibt's Bauernbrot.

Die Saure-Milli-Suppn war vor allem im Chamer Raum weit verbreitet und kam dort oft auf den Tisch. Mittlerweile ist daraus eine nostalgische Spezialität geworden.

Äpflsuppn

Apfelcremesuppe

4 Äpfel
2 kleine Zwiebeln
1 Knoblauchzehe
2 EL Butter
2–3 EL Currypulver
1 Liter Brühe
Salz
Pfeffer
Muskat
Schnittlauch

Geschälte Apfelstücke, zerkleinerte Zwiebeln und zerkleinerten Knoblauch in Butter anschwitzen, Curry dazugeben und mit der Brühe aufgießen. Dann einige Minuten köcheln lassen, pürieren. Mit Salz, Pfeffer und Muskat würzen und mit Schnittlauch anrichten.

Tipp: Etwas Sahne macht die Suppe besonders cremig und lecker.

Dipfl

emaillierter, kleiner Topf

Doaschn

anspruchslose Feldrüben, auch als Schimpfwort verwendet

Schnodahüpfl/Schnodahipfl

Gstanzl, kurze, gesungene Spottverse

Broudsuppn

Brotsuppe

- 1 Zwiebel
- 4 Scheiben altbackenes Brot
- 1 Knoblauchzehe
- Butter
- 1 EL Mehl
- 1½ Liter Fleischbrühe
- 2 Eier
- süße Sahne
- Salz, Pfeffer, Muskat
- 1 Bund Schnittlauch

Zwiebel hacken, Brot würfeln und Knoblauchzehe zerdrücken. Die Brotstücke in der Butter anrösten und dann die Zwiebel dazugeben. Anschließend den Inhalt des Kochtopfs mit Mehl bestäuben, mit Fleischbrühe übergießen und Knoblauch hinzugeben. Etwa eine halbe Stunde köcheln lassen. Währenddessen das Eigelb vom Eiweiß trennen und die Sahne unter das Eigelb unterrühren und dann in die Suppe geben. Mit Schnittlauchröllchen garnieren und mit Brot servieren. Wer will, kann auch frisches Brot würfeln, anrösten und mit in die Suppe geben.

„Tag und Nacht …

arbeiten, schlecht sich nähren und dabei zufrieden sein, ist Grundzug oberpfälzischen Lebens. Die Genügsamkeit ist da am Platz, wo der Boden arm und der Verdienst im Handwerke gering ist."

Volkskundler Franz Xaver von Schönwerth (1810–1886) über die Ernährung in der Oberpfalz

Wassaschnalzn

Wassersuppe

- 2 große Zwiebeln
- 3 EL Fett
- 1 Liter Wasser
- Salz, Pfeffer
- 1 EL Petersilie
- 1 EL Schnittlauch
- 1 EL Kerbel
- 4 Scheiben Schwarzbrot
- Bratfett

Die Zwiebeln schälen, in Ringe schneiden und im Fett braun rösten. Das Wasser zugießen und auf niedriger Stufe etwa fünf Minuten aufkochen. Dann die Suppe mit Salz und Pfeffer abschmecken und mit den klein gehackten Kräutern würzen. Das Schwarzbrot in Würfel schneiden, in die Suppe geben und einige Minuten ziehen lassen.

Die Wasserschnalzn war früher in der Oberpfalz als Speise der armen Leute verschrien. Der Ausdruck „Der is ned auf da Wassersuppn dahergschwomma" erinnert noch daran.

Karpfn-Gmöis-Suppn

Klare Karpfensuppe mit Gemüse

Karpfenreste

1 Liter Wasser

¼ Liter Weißwein

Suppengemüse (Karotten, Zwiebel, Lauch, Sellerie)

Salz

Pfeffer

Schnittlauch

Petersilie

Wasser mit Weißwein und Suppengemüse aufkochen. Zwiebel dazu in Hälften und Lauch in Stücke schneiden. Salz und Pfeffer zugeben. Gräten, Köpfe, Haut und Flossen des Karpfens nach dem Filetieren in diesem Sud ziehen lassen, nicht kochen. Diese Teile herausnehmen, das Fleisch von den Gräten und Köpfen lösen.

Sud durch feines Sieb oder Tuch gießen. Nun auch Karotten und Sellerie in Würfel schneiden. Suppe abschmecken, Gemüse und Fischfleisch zugeben. Mit Schnittlauch und gehackter Petersilie servieren.

Die Suppe eignet sich gut zum Verkochen der Reste bei Fischgerichten.

Siem-Kreita-Fröihlingssuppn

Sieben-Kräuter-Frühlingssuppe

1 Zwiebel

50 g Butter

jeweils 1 Handvoll Brennnesseln, Bärlauch, Giersch, Löwenzahnblätter, Sauerampfer, Kerbelkraut und Maggikraut

1 Liter Wasser

Salz, Pfeffer

Sahne

Zwiebel klein schneiden und in Butter andünsten, die gewaschenen Kräuter grob geschnitten dazugeben, etwas mitdünsten. Dann Wasser aufgießen, würzen und nach zehn Minuten Kochzeit pürieren. Die Suppe abschmecken, mit etwas Sahne verfeinern und mit Schwarzbrotscheiben oder gerösteten Schwarzbrotwürfeln servieren.

Tipp: Die Suppe eignet sich ideal, um das erste Grün im Garten zu verwerten.

Selwa gmachte Backerbsn

Backerbsen

¼ Liter Wasser
1 TL Salz
50 g Butter
150 g Mehl
3–4 Eier

Aus den Zutaten einen Brandteig herstellen. Wasser, Salz und Butter zum Kochen bringen. In die kochende Flüssigkeit Mehl auf einmal zugeben, fest rühren, bis ein dicker Kloß entstanden ist. Topf vom Herd nehmen und Eier unterrühren. Der Teig soll dick vom Löffel tropfen. Dann erbsengroße Kügelchen in heißem Fett goldgelb frittieren und anschließend abtropfen und trocknen lassen. Wenn es schnell gehen soll, empfiehlt es sich, den Teig durch ein grobes Sieb (am besten geht ein Spätzlehobel) in das Fett zu drücken.

Aus Brandteig lassen sich Backerbsen leicht selbst zubereiten. Die werden zwar meist nicht so schön rund wie die gekauften, dafür schmecken sie doppelt so gut.

Sparglsuppn

Grüne Suppe mit Spargelspitzen

250 g Spargel
1½ Liter Spargelfond
grüne Kräuter nach Jahreszeit oder Erbsen und Spinat (frisch oder gefroren)
Zucker
Pfeffer
1 Stückchen Butter
Brotwürfel

Den Spargel schälen, Spitzen abschneiden und die unteren Stücke in 1½ Liter Spargelfond (siehe unter Kapitel „Gmöis“) garen. Grüne Kräuter oder Erbsen und Spinat zugeben. Suppe abschmecken und fein pürieren. Dann die Spargelspitzen ca. fünf Minuten in der Suppe gar ziehen lassen. Mit Zucker, Pfeffer, etwas Butter und gerösteten Brotwürfelchen verfeinern.

Böiasuppn

Biersuppe

2 Liter Bier
100 g Zucker
4 Eier
1/8 Liter Milch
Salz, Pfeffer
geröstete Schwarzbrotwürfel

Das Bier mit dem Zucker unter ständigem Rühren erhitzen. Wenn sich der Zucker aufgelöst hat, Eigelb mit Milch vermengen und einige Esslöffel Bier unterrühren. Dann wird das Ganze ins Bier gerührt und mit Salz und Pfeffer abgeschmeckt und die Suppe noch einmal leicht erhitzt (nicht mehr kochen lassen). Mit Schwarzbrotwürfel garnieren und servieren.

Die Biersuppe war früher ein Alltagsgericht in der Oberpfalz, da viele Haushalte selbst Bier vergärten und damit diese Zutat im Überfluss hatten. Biersuppe gab es auch nachmittags, so wie heute Kaffee gekocht wird. Oft wurde für die Suppe Convent, das dünne Nachbier des zweiten Brauvorgangs, verwendet. Im Kindbett gab es für die Wöchnerinnen früher täglich eine Biersuppe, in die ein Ei eingerührt wurde. Das förderte den Milchfluss und beruhigte Mutter und Kind.

Gwusst wöi:

Suppengmöis af Vorrat

Suppengemüse auf Vorrat herstellen

Aus Wurzelgemüse lässt sich gut Suppengemüse auf Vorrat herstellen. Man nehme dazu eine beliebige Menge Sellerieknollen und Selleriegrün, Petersilie, Gelbe Rüben sowie Maggikrautwurzeln und -grün. Das ganze Gemüse waschen, putzen, zerkleinern, fein hacken und wiegen. Die gleiche Menge Kochsalz untermischen, in gut schließende Gläser füllen, fest hineindrücken! Deckel drauf und kühl und dunkel aufbewahren.

Heute kann man das mehr oder weniger fein bereitete Wurzelwerk auch in Portionen in die Gefriertruhe packen.

Gmöisbröih

Klare Gemüsebrühe

Sellerieknollen, Gelbe Rüben, Petersilienwurzeln und Lauchstücke in einem Esslöffel Butterschmalz goldbraun rösten, mit Wasser ablöschen, Salz, Pfeffer und Liebstöckelblätter hinzugeben und ca. eine Stunde köcheln lassen. Dann abgießen.

Gmöis

Gelwe Roum

Roude Raner

Doaschn

Broggerlkohl

Lumperts Kraut

Lauchgmöis

Lauchgemüse mit Äpfeln und Sonnenblumenkernen

500 g Lauch
500 g Äpfel
2 große Gelbe Rüben
Butter
Salz
Pfeffer
Muskat
3 EL geröstete Sonnenblumenkerne

Lauch und Äpfel in Stücke und Gelbe Rüben in Stifte schneiden, in wenig Butter dünsten und mit Salz, Pfeffer und Muskat würzen. Ca. 15 Minuten garen. Sonnenblumenkerne rösten und zum Schluss darüberstreuen.

Gelwe Roum

Gelbe-Rüben-Rohkost

500 g Gelbe Rüben
500 g Äpfel
1 Banane
1 EL Zucker
1 TL Salz
Pfeffer
1 Zitrone
1 Becher Sahne

Gelbe Rüben putzen und fein raspeln, Äpfel putzen und grob raspeln. Banane in Würfel schneiden. Mit Zucker, Salz und einer Messerspitze Pfeffer würzen. Den Saft einer Zitrone und die Sahne untermischen.

Blaukraut

1 Kopf Blaukraut
Essig
Salz
Zucker
3 Äpfel
1 Zwiebel
Gänsefett

Blaukraut putzen, hobeln und mit Essig, Salz und Zucker wie einen Salat anmachen. Äpfel putzen und mit der Schale in Spalten schneiden und zum Blaukraut geben.

Dann kommt die klein geschnittene Zwiebel mit Gänsefett in einen Topf. Zwiebel andünsten und das marinierte Blaukraut mit den Äpfeln dazugeben. Ca. eine halbe Stunde köcheln lassen. Am Schluss abschmecken und servieren.

Gwusst wöi:

Sauerkraut

Sauerkraut ist ein richtiges Powerkraut. Frisch riecht es fein säuerlich und hat eine helle Farbe. Wichtig ist, egal ob man es lose oder aus der Dose verwendet: das Kraut niemals waschen. Der Saft ist aufgrund seines Vitaminreichtums und der Mineralstoffe viel zu schade zum Wegschütten. Man sollte ihn auffangen und trinken (eventuell mit Honig süßen). Das Kraut sollte man nur 10 bis 15 Minuten kochen, ansonsten gibt es einen Vitaminverlust. Kümmel, Lorbeerblätter, Nelken, Wacholderbeeren, Knoblauch, Pfeffer, Curry, Paprika und vieles mehr lassen sich mit dem Kraut prima vermischen. Eine angebrochene Dose Sauerkraut lässt sich in einer gut schließenden Box oder einem Schraubdeckelglas noch einige Tage im Kühlschrank aufheben.

„Sauakraut und Budamülch
hom me von dir triem.
Hättst ma öfta Wuchtln bachn,
waar i bei dir bliem."

Schnodahüpfl

Pimperlkraut/Söißs Kraut

Gedünstetes Weißkraut

1 kg junges Weißkraut
1 EL Zucker
1 Zwiebel
Salz
Kümmel
2 EL Essig
1/4 Liter Flüssigkeit

Krautkopf säubern, vierteln und ohne Strunk hobeln. Zucker in Fett karamelisieren. Zwiebel zerkleinern und andünsten. Dann mit dem Kraut vermengen und mit Kümmel und Salz würzen und dünsten. Essig und etwas Wasser dazugeben und im Kochtopf mit geschlossenem Deckel eine Dreiviertelstunde garen. Dabei immer wieder Wasser zugeben. Ideal zu Schweinebraten.

Tipp: Das Kraut, das in einigen Gegenden auch als „Lumperts Kraut" bekannt ist, lässt sich prima schon am Vortag kochen, da es aufgewärmt noch besser schmeckt.

Sehr beliebt war früher auch die gebundene Variante des Pimperlkrauts. Dabei wird das Kraut kurz vor Ende der Garzeit mit einem Teig aus 20 Gramm Mehl und 20 Gramm Butter gebunden. Das Kraut noch einmal aufkochen lassen, leicht durchrühren und abschmecken.

Zucchinipfandl
Zucchinipfanne

1½ kg Kartoffeln
1 Zwiebel
2 Knoblauchzehen
500 g Hackfleisch
2 kleine Zucchini
Salz
Pfeffer
3 EL Olivenöl
Kräuter nach Geschmack

Kartoffeln in reichlich Wasser gar kochen. Dann schälen und in Scheiben schneiden. Zwiebel schälen und in halbe Scheiben schneiden, die Knoblauchzehen schälen und zerdrücken. Die Zwiebel mit den Knoblauchzehen und dem Hackfleisch in der Pfanne anbraten. Ist das Hackfleisch krümelig, die Kartoffelscheiben dazugeben. Die Zucchini waschen, in Scheiben schneiden und ebenfalls in der Pfanne kurz mitdünsten. Am Ende alles gut mit Salz, Pfeffer und Kräutern würzen.

Lauchreis
Lauchrisotto

500 g Lauch
1 Knoblauchzehe
3 EL Olivenöl
1 Liter Wasser
Salz
Pfeffer
100 g Räucherbauch
300 g Rundkornreis
50 g Butter
100 g Parmesan

Lauch putzen, waschen und in drei Zentimeter lange Stücke schneiden, Knoblauchzehe klein hacken und zusammen in Olivenöl anschmoren, Wasser erhitzen und dann zugießen. Nun Topfinhalt mit Salz und Pfeffer würzen, Räucherbauch in Würfel schneiden und mit dem Rundkornreis zugeben. Bei mittlerer Hitze 15 bis 20 Minuten quellen lassen. Dann Butter und Parmesan untermischen und sofort servieren.

Schnells Gmöispfandl

Schnelle Gemüsepfanne

500 g Kartoffeln
2 Zwiebeln
2 Knoblauchzehen
2 große Tomaten
4 Eier
Salz, Pfeffer
4 EL Olivenöl
1/4 Liter Milch
Kräuter (Basilikum, Oregano, Thymian)
10 schwarze Oliven
50 g Parmesan
Schnittlauch

Kartoffeln kochen, abkühlen lassen, schälen und in Stifte schneiden. Zwiebeln, Knoblauchzehen und Tomaten würfeln. Eier mit Salz, Pfeffer und Milch verrühren.

Zwiebel und Knoblauch in Olivenöl in großer Pfanne anschwitzen. Kartoffeln und Tomatenwürfel dazugeben, ca. zehn Minuten sanft braten, Eierguss über das Gemüse gießen und stocken lassen. Am Schluss Oliven, Käse und Schnittlauch darüberstreuen.

Kren

Safran-Meerrettich

3 Semmeln
Butterschmalz
3/4 Liter Rindsbrühe
100 g Meerrettich (Kren)
1/2 g Safran
Salz
Zucker
Pfeffer
3 Eier

Semmeln schneiden und in etwas Butterschmalz goldgelb rösten, kochende Rindsbrühe zugießen, Meerrettich reiben und mit Safran, Salz, etwas Zucker und Pfeffer unterrühren. Topf von der Kochstelle nehmen. Eier trennen. Kren mit Eidotter legieren, Eiweiß zu Schnee schlagen und unterziehen.

Tipp: Der Kren ist mit gekochtem Rindfleisch eine echte Delikatesse.

Schmankerl:

Spargel

Von wegen Steinpfalz und Erdäpfelpfalz: In der Oberpfalz gedeiht mittlerweile auch Spargel. Und das sogar prächtig. In den Naabauen schießen bei Neubau vor den Toren der Stadt Weiden und in Schwandorf-Dachelhofen alljährlich die Stangen. Die Spargelbauern schlagen mit einer Folienabdeckung dem rauen Klima erfolgreich ein Schnippchen. Und die Spargelernte ist noch reine Handarbeit. Doch der Anbau lohnt sich trotz der Knochenarbeit, die damit verbunden ist. Denn je frischer Spargel auf den Tisch kommt, desto größer ist das kulinarische Erlebnis. Geerntet wird meist ab April bis Johanni. Denn wenn die Tage wieder kürzer werden, dann ist auch in der Oberpfalz die Spargelzeit vorbei. Oberpfälzer Spargel gibt es direkt ab Hof oder bei einigen Wochenmärkten.

Kreita-Spargl mit Gelwe Roum

Spargel gedünstet mit Karotten und Kräutern

500 g Spargel
500 g Gelbe Rüben
1 Zwiebel
Butter
Petersilie
Salz
Zucker
Pfeffer
Sahne

Spargel schälen, in zwei Zentimeter lange Stückchen schneiden und Köpfchen zur Seite legen. Gelbe Rüben waschen, schälen und in Stifte schneiden. Zwiebel klein hacken und in Butter andünsten. Spargel und Gelbe Rüben zufügen, mit Spargelfond aufgießen und ca. 15 Minuten garen lassen, danach die Köpfchen und gehackte Petersilie zugeben. Am Schluss mit Salz, Zucker, Pfeffer und Sahne abschmecken.

Gwusst wöi:

Spargelfond herstellen

Spargelstangen immer gründlich waschen, Schalen und Abschnitte im Wasser kochen, Salz, Zucker, etwas Butter zufügen, Garzeit ca. 20 Minuten. Durch feines Sieb abgießen. In diesem Fond werden dann die geschälten Stangen gegart. Zum Aufgießen von Suppen, Soßen und Gemüse ist dieser Fond auch als Grundlage für Salatmarinaden bestens geeignet.

Doaschngmöis
Rübengemüse

500 g Dorschen
1 Zwiebel
80 g Fett
1 Prise Salz
Pfeffer und Muskat
½ Liter Brühe
20 g Mehl

Dorschen raspeln und Zwiebel klein schneiden. Gemeinsam in 40 Gramm Fett andünsten, Salz und etwas Pfeffer und Muskat dazugeben und mit Brühe aufgießen. Aus dem restlichen Fett und dem Mehl eine dunkle Einbrenne machen. Dorschen dazugeben. Wenn nötig, bis ¼ Liter Wasser untermengen und Rüben dünsten, bis sie weich sind, eventuell nachwürzen.

Das Rezept war einst ein typisches Arme-Leute-Essen der Oberpfalz.

Gmöisdopf
Oberpfälzer Gemüseeintopf

250 g Gelbe Rüben
500 g Kartoffeln
100 g Sellerie
1 Stange Lauch
2 Zwiebeln
½ kleiner Blumenkohl
150 g durchwachsener Bauchspeck
1 Liter Fleischbrühe
Salz
2 Ecken Schmelzkäse
4 Wiener Würstchen
Petersilie
Majoran
Pfeffer

Gemüse waschen und putzen. Gelbe Rüben, Kartoffeln und Sellerie in kleine Stücke, Lauch in feine Ringe, Zwiebeln in Würfel schneiden und Blumenkohl in kleine Röschen teilen. Den Speck in kleine Würfel schneiden und in einem mittelgroßen Topf auslassen. Zwiebelwürfel dazugeben und glasig dünsten. Gemüse dazugeben und weitere fünf bis acht Minuten dünsten. Die Brühe aufgießen, Kartoffeln zugeben, salzen. Ca. 30 Minuten köcheln lassen. Den Schmelzkäse einrühren, die Wiener Würstchen in etwa ein Zentimeter lange Stücke schneiden und in der Suppe erhitzen. Mit Petersilie, Majoran und Pfeffer abschmecken.

blind
fleischlos (in Zusammenhang mit Gerichten)

Gelwe Roum
Gelbe Rüben, Karotten

Gensfett
Gänsefett

Bettsoichl
Wasserrübe

Lumperts Kraut
Weißkraut

Baaz
zäher Brei

Gwusst wöi:

Kreita trocknen

Kräuter trocknen

Viele Kräuter lassen sich ganz leicht trocknen. Die Kräuter einfach am Morgen, wenn sie abgetrocknet sind, abschneiden, braune Blätter entfernen und einen Bund Kräuter so in eine Papiertüte oder ein Stoffsäckchen geben, dass die Stiele noch herausschauen. Die Tüte leicht mit einer Schnur zubinden und mit den Stielen nach oben an einem trockenen Ort aufhängen. Trockene Blätter fallen so direkt in das Säckchen. Wenn die Kräuter richtig durchgetrocknet sind, werden sie einfach im Säckchen zerdrückt und die Stängel herausgezogen. Auch Thymian- und Salbeitees lassen sich so konservieren. Die Trocknung von Kräutern verbreitet übrigens auch verführerische Gerüche im Haus.

Solod

Kimmerling

Blinds Kraut

Rowinserl

Heibl

Weißkrautsolod

Weißkrautsalat

1 kg Weißkraut
Salz
Zucker
Essig
1 Zwiebel
Öl
1 Becher Sahne
Rosinen

Weißkraut sehr fein hobeln, mit Salz, Zucker, Essig mischen und durchziehen lassen. Zwiebel in feine Ringe schneiden, Öl untermischen und mit Sahne zum Kraut geben. Rosinen sauber waschen und ebenfalls zugeben. Gut durchziehen lassen.

Roum-Äpfl-Solod

Rüben-Apfel-Salat

500 g Gelbe oder Rote Rüben
500 g Äpfel
1 Banane
für Marinade:
1 Becher Sahne
2 Becher Naturjoghurt
1 TL Pfeffer
2 TL Salz
4 TL Zucker
etwas Zitronensaft

Gelbe oder Rote Rüben fein raspeln, Äpfel grob raspeln. Aus Sahne, Naturjoghurt, Pfeffer, Salz, Zucker und Zitronensaft Marinade anmachen und darübergießen. Banane in Würfel schneiden und untermengen.

Lauchsolod mit Äpfln

Lauchsalat mit Äpfeln

500 g Lauch
etwas Öl
500 g Äpfel
1 Becher Joghurt
1 Becher Sahne
Salz, Pfeffer, Zucker

Lauch sorgfältig waschen und ganz fein schneiden, mit etwas Öl vermischen, stehen lassen. Äpfel mit der Schale darüberraffeln und mit Joghurt-Sahne-Marinade anmachen. Mit etwas Salz, Pfeffer und Zucker abschmecken.

Herrn-Solod

Chef-Salat

500 g Kartoffeln
300 g Schinken
2 Gelbe Rüben
2 Äpfel
1 Salatgurke
1 große rote Zwiebel
4 Eier
für Salatsoße:
5 EL Olivenöl
1 EL scharfer Senf
2 EL Weinessig
1 Becher Joghurt
1 EL geriebener Meerrettich
1 TL Salz
½ TL Pfeffer
2 EL Zucker
Salatkräuter
Salatblätter

Gekochte kalte Kartoffeln schälen und in Scheiben schneiden, Schinken in Streifen schneiden. Gelbe Rüben würfeln und weich kochen. Äpfel und Salatgurke würfeln, Zwiebel in Halbringe schneiden und in Öl legen. Eier hart kochen, zwei Dotter herausnehmen und den Rest in Würfel schneiden. Aus Olivenöl, Senf, Weinessig, Joghurt, geriebenem Meerrettich, den beiden zerdrückten Eidottern, Salz, Pfeffer und Zucker Salatsoße herstellen und mit Salatkräutern verrühren. Auf grünen Salatblättern anrichten und mit den roten Zwiebelhalbringen garnieren.

Kürbissolod

Kürbissalat

300 g Kürbisfleisch
2 Äpfel
100 g Gelbe Rüben
1 EL Schnittlauch
1 EL Petersilie
1 EL Zitronensaft
100 g Sahne
1 EL Balsamico-Essig
Salz, Pfeffer
Tabasco
Ingwer

Kürbisfleisch, Äpfel und Gelbe Rüben grob raspeln und mit Zitronensaft beträufeln. Marinade aus Essig, Sahne und Gewürzen mischen und über den Salat geben, mit Schnittlauch und Petersilie bestreut anrichten.

Roha Blumenkohlsolod

Roher Blumenkohlsalat

1 Blumenkohl

Marinade:

1 Becher Sahne

2 Becher Joghurt

2 EL Essig

1 TL Salz

1 EL Zucker

Dill

Blumenkohl grob raffeln, Marinade aus Sahne, Joghurt, Essig, Salz und Zucker herstellen, gut mischen und über den Blumenkohl geben. Am Schluss Dill darüberstreuen.

„Oh du löibe Sunnabluma,
du bist mir ins Herz eikumma,
du liegst mir im Herzen drin,
wöi der Kern vom Kümmerling.“

Erdbeer-Kaas-Solod

Erdbeer-Käse-Salat

500 g Erdbeeren
300 g Emmentaler
1 Becher Sahne
2 Becher Joghurt
1 Zitrone
1 TL Salz
1 EL Zucker
½ TL Pfeffer

Aus Sahne, Joghurt, Saft der Zitrone, Salz, Zucker und Pfeffer Marinade herstellen und gut verrühren. Erdbeeren gut waschen und vierteln (die Stiele erst nach dem Waschen entfernen, damit die Erdbeeren nicht matschig werden). Emmentaler in kleine Streifen schneiden und mit den Erdbeeren zur Marinade geben.

Erdbeer-Fleisch-Solod

Erdbeer-Fleisch-Salat

1 Kopf Eissalat
600 g Erdbeeren
300–500 g kaltes Fleisch
Marinade:
3 EL Wasser
1 EL Weinessig
Zitrone
1 EL Zucker
1 TL Salz
½ TL weißer Pfeffer
5 EL Öl
Schnittlauch

Eissalat putzen, in breite Streifen schneiden, auf einer großen Platte ausbreiten. Erdbeeren waschen und halbiert über den Salat verteilen. Kaltes Fleisch in Streifen schneiden und darübergeben. Aus Wasser, Weinessig, Saft der Zitrone, Zucker, Salz, Pfeffer und Öl Marinade herstellen, gut verrühren und über die angerichtete Menge gießen. Mit frischen Schnittlauchröllchen bestreut servieren.

Blinds Kraut

Kraut ohne Fleischzugabe

50 g Butter
2 Äpfel
2 Zwiebeln
Butter
1 große Dose Sauerkraut
1 TL Zucker

Äpfel und Zwiebel in Würfeln schneiden. Zwiebel in Butter anrösten, Sauerkraut zugeben und 10 Minuten kochen lassen, abschmecken und zur Abrundung Zucker dazugeben.

Woama Spargl-Nuss-Solod

Warmer Spargel-Nuss-Salat

1 kg Spargel
2 Schalotten (Edelzwiebeln)
4 EL Nussöl
Weißweinessig
Zucker
Salz
1 Prise Majoran
1–2 Äpfel
100 g Walnüsse oder Haselnüsse
2 EL gehackte Petersilie
Kerbel

Spargel schälen und in zwei Zentimeter lange Stücke schneiden, zwei klein gehackte Schalotten in vier Esslöffel Nussöl andünsten, Spargelstücke zwei bis drei Minuten mit dünsten. Aus Weißweinessig, Zucker, Salz und einer Prise Majoran abgeschmeckten Fond herstellen und aufgießen. Kurz aufkochen lassen, Äpfel in kleine Würfel schneiden und Walnüsse oder Haselnüsse gehackt zugeben. Zum Schluss gehackte Petersilie und Kerbel darüberstreuen.

Sauerkrautsolod

Oberpfälzer Sauerkrautsalat

1 große Gelbe Rübe
1 großer Apfel
1 Zwiebel
1 große Dose Sauerkraut
1 TL Salz
2 EL Zucker
1 Becher Sahne

Gelbe Rübe, Apfel und Zwiebel raspeln, darüber Sauerkraut geben. Mit Salz und Zucker vermischen. Vor dem Servieren Sahne dazugeben.

Krautsolod mit Obst

Blaukrautsalat mit Obst

1 kg Blaukraut
1 EL Salz
2 EL Zucker
5 EL Weinessig
2 Äpfel
2 Orangen
2 Bananen
Pfeffer
5 EL Öl

Blaukraut fein hobeln, mit Salz, Zucker und Weinessig mischen und ziehen lassen. Äpfel, Orangen und Bananen in Würfel schneiden und mit einer Messerspitze Pfeffer zum Blaukraut geben.

Mit Öl alles gut vermengen.

Bei jedem Salat ist letztlich die Marinade ausschlaggebend.

Joghurt-Sahne-Marinade

1 Becher Sahne
2 Becher Naturjoghurt
1 TL Pfeffer
2 TL Salz
4 TL Zucker
etwas Essig oder Zitronensaft

Diese Marinade lässt sich vielseitig verwenden.

Essigmarinade

1 EL Salz
4 EL Zucker
1/4 Liter guter Weinessig
3/4 Liter Wasser

Die Marinade lässt sich sogar auf Vorrat herstellen und ist somit immer schnell zur Hand.

Hutzln
gedörrtes Obst

Heibl / Haipl
Kopf (Häuptel) beim Salat oder Kraut

Gnofl
Knoblauch

Schnilling
Schnittlauch

Bäiderl
Petersilie

Gwusst wöi:

Mit Solod gsund durchn Winter

Mit Salaten gesund durch den Winter

Rohe Wintersalate helfen, gesund durch den Winter zu kommen. Sie sind wichtig für die Ernährung, da sie Vitamine, Mineralstoffe und Ballaststoffe enthalten. Es empfiehlt sich, zeitig an die kalte Jahreszeit zu denken, denn viele Früchte lassen sich gut einfrieren. Wichtig ist dabei, die Früchte immer unzerkleinert zu waschen. Sobald sie zerkleinert sind, muss man sie sorgfältig zudecken. Hartes Wurzelgemüse sollte man fein raspeln, Kohlgemüse fein schneiden.

Gwusst wöi:

Essig und Öl

In der Oberpfälzer Küche verwendet man kalt gepresste Öle aus Raps und Sonnenblumen vorwiegend zu Salaten. Zum Braten in der Pfanne und zum Frittieren sind kalt gepresste Öle nicht geeignet. Wenn „kaltgepresst" auf der Flasche steht, stimmt das übrigens nicht immer.

Wer Öl zum Braten in der Pfanne nehmen möchte, muss unbedingt darauf achten, dass dieses Öl hoch erhitzbar ist.

Der Essig rundet jeden Salat und viele Soßen ab. Vorzuziehen ist auf jeden Fall ein milder Weinessig (wird z. B. in der Volkacher Gegend von Winzern hergestellt). Wo Essig verwendet wird, gehört immer auch eine Prise Zucker dazu, damit es rund schmeckt. Grundsätzlich gilt: heller Essig zu hellen Gerichten und dunkler Essig zu dunklen Gerichten, zum Beispiel zu dunklen Blatt- oder Gemüsesalaten.

Erdäpf(e)l

Erpfl
Erdbirn
Grundbirn
Kartoffel

„Vom Wold bin i außa,
vom Land der Kultur,
wir essen die Erdäpfl
mitsamt der Montur.“

„Dou drom aufm Bergl,
dou steht a Kapelln,
dou predigt da Pfarra
vom Erdäpflstöhln.“

„Am Sunnta gibt's Erdäpfl
und a Schüssl voll Solod,
und a Fleisch ka ma essn,
wenn ma oins hod.“

„Musikanten spülts af,
ihr werds scho wos kröing
nacha lou i a Haferl
Erdäpfl söin.“

„Erdäpfel in da Fröih,
mittags in da Bröih,
abends mitsamt die Hait,
Erdäpfel in alle Ewigkeit.“

Unsere Erdäpfel waren über Jahrzehnte das wichtigste Nahrungsmittel neben Brot. Sie wachsen auf allen Böden und sind preiswerte Sattmacher. An sieben Tagen in der Woche und fast zu jeder Tageszeit gab es Erdäpfel in vielen Variationen: als Frühsuppn, Nachtsuppn, Schoppala, Hansgirgala, Dotsch, Spouzn, Dotschnudeln, Sterz und Brei.

Erdäpflgeheimnis

Kartoffelgeheimnis

Zutaten für 6 Personen:

1 kg Kartoffeln

1 kg gemischtes Gemüse (der Jahreszeit entsprechend)

2–3 Zwiebeln

50 g Butter

300 g Schinken oder Leberkäse

1 Becher Sahne

1 Becher Crème fraîche

4 EL süßer Senf

1 TL Salz

1 EL Majoran

Pfeffer

200 g Emmentaler Käse

Kartoffeln kochen und abkühlen lassen. Gemüse waschen, putzen und zerkleinern. Zwiebeln hacken, mit Gemüse in Butter dünsten und dann in eine Auflaufform geben. Schinken oder Leberkäse würfeln und darüberstreuen.

Kartoffeln schälen, in Scheiben schneiden und dachziegelartig über das Gemüse schichten. Sahne, Crème fraîche, süßen Senf, Salz und Majoran mit einer Messerspitze Pfeffer verrühren und über die Kartoffeln gießen. Mit gehobeltem Emmentaler bestreuen und 30 Minuten bei 200 Grad überbacken.

Erdäpfldaschn

Kartoffeltaschen

1 kg Kartoffeln

2 Eier

150 bis 200 g Mehl

Salz

6 Scheiben gekochten Schinken

6 Scheiben Emmentaler oder Edamer

Butter

Kartoffeln kochen, schälen und heiß durchpressen. Dann erkaltet mit Eiern, Mehl und Salz zu einem Teig verarbeiten. Den Teig auf einer bemehlten Fläche einen halben Zentimeter dick ausrollen und in zehn bis zwölf gleich große Rechtecke teilen. Jedes davon mit Schinken und Käse belegen, Teigstücke zuklappen und in der Pfanne in nicht zu heißer Butter goldbraun backen.

Dazu schmecken Salat, Gemüse nach Jahreszeit oder Tomatensoße.

Bachane Erdäpflfächa

Gebackene Kartoffelfächer

1 kg mittelgroße Kartoffeln
Bratfett
Salz, Pfeffer
Kümmel
1 Becher Sahne
50 g geriebener Emmentaler

Kartoffeln schälen und so in dünne Scheiben auffächern, dass sie an der Breitseite noch zusammenhängen. In eine wenig gefettete Form dicht aneinandersetzen, mit Gewürzen bestreuen und bei 250 Grad im vorgeheizten Ofen ca. 30 Minuten backen. Sahne darübergießen, Käse daraufstreuen und noch fünf bis zehn Minuten im Ofen lassen.

Schmankerl:

Erdäpfel

Erdäpfel sind aufgrund des weit verbreiteten Anbaus die Nummer eins bei den Oberpfälzer Lebensmitteln. Irgendwie passen sie zu den Einwohnern der Region: Die Erdäpfel sind fest, sehr genügsam und wachsen bisweilen mit Ecken und Kanten heran. Die Werte, die das Gemüse so wertvoll machen, stecken im Inneren hinter einer unscheinbaren, rauen Schale. Dabei ist die Kartoffel gar kein waschechter Oberpfälzer, sondern ein Südamerikaner, ein Verwandter von Tomate und Paprika. Irgendwann nach der Entdeckung Amerikas brachten die Spanier im 16. Jahrhundert die Frucht mit nach Europa. Wegen der Blüten verbreiteten sich die „Pappas Indicas", die Knollen der Indianer, über Botanische Gärten auf dem ganzen Kontinent. Um 1700 sind in der Oberpfalz bereits richtige Kartoffelfelder nachgewiesen. Als Preußenkönig Friedrich II. 1756 im großen Stil den Kartoffelanbau anordnete, waren die Erdäpfel in der Oberpfalz längst heimisch …

Bröislboad / Zwirl

Bröselbart, klassischer Kartoffelschmarrn

1 kg Kartoffeln
200 g Mehl
Schmalz
Salz

Kartoffeln kochen, schälen, durchpressen und auskühlen lassen. Mehl darüberstreuen, leicht untermengen und gut abgebröselt in reichlich Schmalz goldgelb in der Omelettpfanne oder im Backofen in einer großen Rein backen. Vor dem Servieren Salz darüberstreuen.

Das Gericht war mit Kraut oder Brühe in der Oberpfalz einst weit verbreitet. Es gibt dafür mannigfaltige weitere Namen, darunter Pfandlschmarrn, Erdäpflfouda, Hennabröisl, Rübler und Ribler, Höitasteckn sowie Holzbauernsterz. Die Tatsache, dass das Gericht in einigen Gegenden auch als „Leitschinda" und „Gurglmartara" bezeichnet worden ist, zeigt, dass die Leute einst dieser Speise überdrüssig waren. Mittlerweile ist daraus ein Schmankerl geworden.

Ramberer

Verfeinerte Version des Kartoffelschmarrns

500 g Kartoffeln
125 g Mehl
Salz
250 g geräuchertes Fleisch

Kartoffeln kochen, durchpressen, mit Mehl vermengen und salzen. Fleisch in Würfel schneiden und in der Pfanne auslassen. Den Kartoffelteig dazugeben, unter das Fleisch mengen und braten. Die Masse immer wieder wenden und zerstückeln, bis sie schön braun ist. Am besten schmeckt dazu frischer grüner Salat oder warmes Sauerkraut.

Erdäpfltaler

Kartoffeltaler

1 kg Kartoffeln
2 Eier
200 g Mehl
Schmalz

Kartoffeln kochen, schälen und heiß durchpressen. Dann erkaltet mit Eiern und Mehl zu einem Teig verarbeiten und dicke Rollen formen. Vom Teig „Taler" abschneiden und in der Pfanne mit Schmalz goldgelb backen, salzen und mit Sauerkraut servieren.

Badte Meis / Schoppala

Fingernudeln aus gekochten Kartoffeln

1 kg Kartoffeln
200 g Mehl
2 Eier
Schmalz

Kartoffeln kochen, schälen und heiß durchpressen. Dann erkaltet mit Eiern und Mehl zu einem Teig verarbeiten. Daraus dünne Rollen formen, kleine Stückchen abschneiden und daraus fingerlange Nudeln formen. Die Nudeln in der Pfanne ausbacken.

Hansgirgala / Spouzn-Schoppala / Schlosserboum

Knödel-Fingernudeln

2 kg Kartoffeln
Knödelhilfe
80 g Mehl
Salz

1,5 Kilogramm Kartoffeln schälen, reiben, mit der Knödelhilfe vermengen und gut abtropfen lassen, gegebenenfalls auspressen. Die restlichen Kartoffeln als Salzkartoffeln weichkochen, anschließend noch heiß durchpressen. Die geriebenen Kartoffeln dazugeben, Mehl und zwei gehäufte Teelöffel Salz untermengen. Aus dieser Masse ca. sechs Zentimeter lange, fingerdicke Würstchen formen, in kochendes Salzwasser geben und etwa zehn Minuten ziehen lassen. Nicht kochen. Wenn die Fingernudeln oben schwimmen, sind sie fertig.

Es waren in der Oberpfalz übrigens unter dem Namen „Dotschnudeln" auch Fingernudeln nur aus rohem Kartoffelteig verbreitet.

Bauchstechala / Nackade Herrn

Überbackene Knödel-Fingernudeln

2 kg Kartoffeln
80 g Mehl
Knödelhilfe
Salz
Butter
4 Eier
1/4 Liter Milch
weißer Pfeffer
Schnittlauch

Wie im Rezept für Hansgirgala beschrieben, Fingernudeln formen und in Salzwasser ziehen lassen. Anschließend die Nudeln abseihen und in einer beschichteten Pfanne in heißer Butter kurz anrösten. Eine Auflaufform mit Butter ausfetten und die Kartoffelnudeln darin verteilen. Eier, Milch, Pfeffer und Salz verquirlen, über die Kartoffelnudeln geben und im vorgeheizten Backofen bei 180 Grad stocken lassen. Mit Schnittlauchröllchen bestreuen und heiß mit Sauerkraut oder Blattsalat servieren.

Tipp: Besonders köstlich sind die Bauchstechala, wenn man auch noch Speckln mitröstet.

Die Rezeptsammlung für Erdäpfelnudeln ließe sich noch seitenweise fortsetzen. Nicht nur bei den Variationen, auch bei der Namensgebung bewiesen die Oberpfälzer sehr viel Einfallsreichtum. Sie nannten die Nudeln auch Gstutzte Höitboum, Gänskrägn, Hozangen und Bruckbaam, je nachdem, ob sie besonders kurz, dick oder lang gerollt wurden, ob sie in Schmalz gebacken oder in Salzwasser gekocht wurden, ob sie im Norden, Süden, Osten oder Westen der Oberpfalz auf den Tisch kamen.

Erdäpflgulasch mit Leberkas

Kartoffelgulasch mit Leberkäse

1 kg Kartoffeln
1 Zwiebel
3 EL Schmalz
Salz, Pfeffer
Majoran, Kümmel
1 ½ Liter Brühe
250 g Leberkäse

Kartoffeln und Zwiebel in Würfel schneiden und im Fett anbraten. Gewürze zugeben und mit der Brühe aufgießen, 20 Minuten garen. Gewürfelten Leberkäse kurz vor dem Servieren zugeben.

> **„Erdäpfl homma gestern ghabt,
> Erdäpfl homma heid,
> Erdäpfl homma alle Doch,
> wöi uns dös gfreid …"**
>
> Wirtshauslied

Erdäpfl-Gmöis-Pfandl

Oberpfälzer Kartoffelpizza

1 kg Kartoffeln
200 g Mehl
2 Eier
Salz, Pfeffer
1 Stange Lauch
3 Gelbe Rüben
1 grüne Paprika
1 Zwiebel
150 g Räucherbauch
2–3 Tomaten
geriebener Emmentaler

Kartoffeln kochen, schälen, durchdrücken und auskühlen lassen. Mit Mehl und Eiern auf Nudelbrett zu Teig kneten und mit Salz würzen.

Für Gemüsemischung Lauch in Ringe schneiden, Gelbe Rüben in Stifte zerkleinern, Paprika in Streifen schneiden, Zwiebel und Räucherbauch würfeln. Champignons im eigenen Saft 20 Minuten dünsten. Den Teig in einer beschichteten, vorgeheizten Pfanne einen Zentimeter dick drücken und Gemüse heiß darauf ausbreiten. Tomaten in Scheiben schneiden und damit den Teig garnieren. Am Schluss geriebenen Emmentaler, Salz und Pfeffer aufstreuen. Ist die Pizza unten schön braun, Pfanne zudecken, Platte abschalten und warten, bis der Käse geschmolzen ist.

Dann ist der Pfandlinhalt fertig.

Erdäpflknatsch

Kartoffel-Apfel-Quark-Auflauf

1 kg Kartoffeln
150 bis 200 g Mehl
5 Eier
Salz
3 Pfund Äpfel
200 g Zucker
Zimt
100 g Rosinen
500 g Quark
50 g Grieß
3 Eier
1 Vanilleschote
Butterschmalz

Kartoffeln kochen und durchdrücken. Mit Mehl und zwei Eiern Teig herstellen und mit Salz würzen. Aus Äpfeln, Zimt, Rosinen und 100 Gramm Zucker Apfelfülle herstellen. Dann Quark, Grieß, die restlichen Eier, den restlichen Zucker und das Mark der Vanilleschote zu einer Quarkfülle vermengen.

Teig halbieren, ausrollen, in eine gut gefettete Auflaufform geben, Rand hochziehen. Zuerst die Apfelfülle darin verteilen, dann die Quarkfülle in die Form geben und mit der zweiten Teighälfte abdecken. Mehrmals einstechen und Butterschmalz darüber verteilen. Bei 220 Grad im vorgeheizten Ofen eine Stunde backen.

Tipp: Wem das Teigmachen zu umständlich ist, der kann auch die Hälfte der durchgedrückten Kartoffeln in eine gebutterte Auflaufform geben, Äpfel darüberstreuen und die Quarkmasse darüber verteilen. Dann zum Abschluss mit den restlichen durchgedrückten Kartoffeln wie einen Streuselkuchen abdecken. Dieses Rezept wurde aus der Not geboren, als Roswitha Scheidler bei einem Kochkurs in Tännesberg Eier, Mehl und Nudelbrett vergessen hatte. Von den Kursteilnehmern hat dies keiner bemerkt.

Die Erdäpfel

In der rauen Oberpfalz

In der rauen Oberpfalz,
unsrer Hoimat, Gott derhalts,
möchte i nix so fierahem,
woi d'Erdäpfl, weil döi mouß gem.
Is as Ackerl aa vulla Stoi,
Erdäpfl – döi wern scho oi.
San niahd in an oinzing Nest –
oft scho dreißge drinna gwest.

wühld er's assa mit seim Grail

Schau na, wöi da alte Ma –
unser Vater – nu sou ka!
Durt und dou und überall
wühld er's assa mit seim Grail.
Gölbe, blaue, dick und gnudld –
hafertweis wern's assabuddlt!
Jeder, meine Dam' und Herrn –
jeder moch d'Erdäpfl gern.

's kinna gscheide Köpf draus wern

Ja, wos kann ma niahd dras machn:
gson und broun und gröist und bachn,
Brei und Suppn, Kniala, Dotsch,
Stampf und Strudl, böihmisch Pflotsch!
Hansngirgala, Schoppala,
selbst zum Pappm gengas aa.
Glücklich, wer si an sie halt,
der lebt billig und wird old.
's kinna gscheide Köpf draus wern,
aus alle dene, döis verzehrn.

Unbekannter Dichter

Andere Oberpfälzer Namen für den Dotsch sind
Reiberdatschi, Datscher, Ritschi, Fransenbrei und -kniadla sowie Stopplfuchs.

Dotsch

Kartoffelpuffer

1 kg Kartoffeln
Salz
1/4 Liter Sauerrahm
Bratfett

Kartoffeln schälen, reiben und etwas abtropfen lassen. Salzen und sauren Rahm unterrühren und in heißem Fett in der Pfanne als runde „Plätzchen" ausbacken oder in einer großen Rein im heißen Fett im Bratrohr backen. Den Dotsch, wenn er knusprig ist, in Portionen zerteilen.

Tipp: Die Dotschen werden mit Kraut und gekochtem Bauchfleisch und/oder gekochten Blut- und Leberwürsten zum deftigen Schlachtschüsselteller. Auch mit Schwammerlbröih sind sie ein Gaumenschmaus. Wer es lieber süß mag, isst dazu Apfelkompott.

Weltrekord-Dotsch

Natürlich kommt auch der weltgrößte Dotsch aus der Oberpfalz. Die Neualbenreuther (Landkreis Tirschenreuth) haben mit einem Reiberdatschi von 17,35 Quadratmetern bei ihrem Erdäpfelfest am 1. Oktober 2006 diese Bestmarke aufgestellt. Rund 108 Kilogramm Kartoffelteig, 340 Eier, 36 Kilogramm Quark und 36 Liter Milch haben sie verbacken. Für die Zubereitung brauchten die Stiftländer eine halbe Tonne Holzkohle. Vorher hielten den Weltrekord neun Jahre lang die Amberger. Ihr Dotsch war etwa 14 Quadratmeter groß. Die Neualbenreuther sind übrigens nicht nur beim Dotsch Weltklasse. Ein Jahr nach diesem Rekord knackten sie mit 418 Metern auch die Bestmarke für die längste Knödeltafel der Welt. 1600 Spouzn verdrückten die Gäste in einer Viertelstunde.

„Äiamal homma an Dotsch ghabt,
und äiamal niahd aa.
Äiamal is a gschmalzn gwen
und äiamal niahd aa."

Wirtshauslied

Gwusst wöi:

Erdäpfel, a tolle Knolln

Wichtig für das Gelingen der Kartoffelgerichte ist es, die richtigen Erdäpfel zu verwenden. Da die Namen der Kartoffelsorten oft wechseln, ist es schwierig, hier den Überblick zu behalten. Deshalb sollte man nicht nur auf den Herkunftsort achten, sondern auch auf die Bezeichnungen festkochend, mehlig festkochend und mehlig. Am gesündesten sind die Kartoffeln, wenn sie beim Kochen unzerkleinert gedämpft und erst dann geschält werden, weil Eiweiße, Vitamine und Mineralstoffe nicht ausgewaschen werden.

Festkochende Erdäpfel werden für Kartoffelsalat und Bratkartoffel verwendet. Mehlig festkochende Knollen eignen sich gut für Knödel halb und halb (halb und halb wegen des Vermischens von rohen mit gekochten Erdäpfeln), Salzkartoffeln, Kartoffelbrei, Dotsch, Schoppala, gebackene Kartoffelfächer und alle Gerichte aus gekochtem Kartoffelteig (Fingernudel, Taler und so weiter).

Von rein mehligen Kartoffeln sollte man in der Küche die Finger lassen. Die werden überwiegend in der Industrie, zum Beispiel in Schnapsbrennereien, verarbeitet.

„Mannerl, nimm's Pfannerl,
dou Dotschn kocha,
fian Vaddan, fia d'Muaddan,
fia de ganze Wocha."

Schnodahüpfl

Erdäpflsolod

Oberpfälzer Kartoffelsalat

1 kg Kartoffeln

2 Zwiebeln

150 g geräucherter Bauchspeck (Wammerl)

Schnittlauch

für Marinade:

¼ Liter Wasser

5 EL Essig

2 EL Zucker

Salz, Pfeffer

Kartoffeln in der Haut kochen, schälen, in Scheiben schneiden. Zwiebeln klein schneiden. Wammerl in Würfel schneiden und in einer Pfanne ausbraten, die Zwiebeln mitbraten. Aus Wasser, Essig, Zucker, Salz und Pfeffer Marinade zubereiten und damit den Pfanneninhalt aufgießen. Das Ganze noch heiß unter die vorbereiteten Kartoffeln mischen. Am Schluss mit Schnittlauch garnieren.

Sauas Erdäpflgmöis

Saures Kartoffelgemüse

1 kg Kartoffeln

30 g Schmalz

10 g Zucker

40 g Mehl

½ Liter Wasser

5 EL Essig

Salz, Pfeffer, Majoran

frische Kräuter der Saison

Kartoffeln kochen. Aus Schmalz, Zucker, Mehl, Wasser, Essig, Salz, Pfeffer und Majoran dunkle Einbrenne herstellen. Die Kartoffeln schälen und in Scheiben schneiden und nach fünf Minuten Kochzeit unter die Einbrenne geben. Mit frischen Kräutern abschmecken.

Fröih
Frühe, am Morgen

Bröih
Brühe

Pfandl
Pfanne

Hait
Häute

Erpflspaltn
Salzkartoffeln

Reindl
Bratrein, rechteckiger Bräter fürs Rohr

Maaldaschn

Maultaschen

- 1,5 kg Kartoffeln
- Salz
- 1 Ei
- 100 g Mehl
- 50 g Stärkemehl
- Semmelbrösel
- 200 g Butter
- 1 kg Äpfel
- 100 g Zucker
- Zimt
- Puderzucker

Kartoffeln kochen, durchdrücken, salzen, mit Ei und Mehl vermengen und daraus einen Teig kneten. Den Teig anschließend fünfteln und daraus Fladen auswalken. Die Fladen werden mit den Semmelbröseln und Butterflocken bestreut. Die Äpfel werden geschält und geschnitzelt, auf den Teiglingen verteilt und mit Zucker und etwas Zimt bestreut. Am Schluss wird der Belag fest in den Teig gedrückt. Die Maultaschen werden dann in eine gut gefettete Auflaufform gegeben und in der Röhre gebacken, bis sie knusprig angebräunt sind (etwa 90 Minuten bei 220 Grad). Zwischendurch sollte man die Maultaschen einmal wenden.

Am Schluss werden sie mit heißer Butter übergossen und mit Puderzucker bestreut.

Bachane Erdäpfl

Gebackene Kartoffeln

- 1 kg Kartoffeln
- 500 g Hähnchenbrust oder Putenfleisch
- 40 g Butterschmalz
- 1 rote Paprika
- 600 g Lauch
- 1 Becher Rahm
- 4 EL körniger Senf
- 1 Becher Crème fraîche
- Salz, Pfeffer
- 100 g geriebener Emmentaler
- 3 EL Majoran

Kartoffeln kochen, Fleisch würfeln, pfeffern, kurz anbraten, rausnehmen. Paprikastücke und Lauchringe im Butterschmalz vier Minuten dünsten. Mit dem Fleisch in eine Auflaufform geben. Kartoffeln häuten, längs einschneiden und auf die Masse setzen. Rahm, Senf und Crème fraîche mit Salz und Pfeffer verrühren und darübergießen. Käse aufstreuen und 20 Minuten bei 220 Grad backen. Zum Schluss den Majoran darüberstreuen.

Goaßbratl / Hosnbratl

Kartoffelauflauf

- 1 kg Kartoffeln
- 4 geräucherte Schweinerippchen
- Salz
- Pfeffer
- 1 Liter saure Sahne
- 1 Liter Milch

Die Kartoffeln roh schälen und in dünne Scheiben schneiden. Das Fleisch würfeln, salzen, pfeffern. Eine Auflaufform ausfetten und die Kartoffelscheiben hineinschichten und mit der sauren Sahne sowie der Hälfte der Milch bedecken. Zum Schluss die Rippchen hineinlegen und den Auflauf im vorgeheizten Backofen bei 225 Grad eine Dreiviertelstunde backen und ein, zwei Mal Milch zugießen, damit das Gericht nicht zu trocken wird.

In das klassische Goaß- oder Hosnbratl gehörte übrigens kein Fleisch. Denn das kam in der Oberpfalz nur sehr selten auf den Tisch.

Stampf

Kartoffelbrei

- 1 kg Kartoffeln
- Milch
- Salz
- Muskat

Kartoffeln kochen, heiß schälen durchpressen oder stampfen und mit heißer Milch mit Kochlöffel oder Schneebesen schön cremig rühren und mit Salz und Muskat abschmecken.

Tipp: Besonders lecker wird der Stampf, wenn man dazu Zwiebelstückchen in der Pfanne anröstet und ihn damit vor dem Servieren garniert oder durchmischt.

Knedl im Hem(ad)

Knödel im Hemd

Gemüsereste oder Mischgemüse
4 bis 6 kalte Kartoffelknödel
3 Eier
½ Liter Milch
1 EL Senf
Salz
Pfeffer
Muskat
100 g geriebener Emmentaler
Fett

In eine gefettete Auflaufform das gare Gemüse geben, die Knödel halbieren und auf das Gemüse setzen. Eiermilch mit Senf und den Gewürzen verrühren, über die Knödel gießen. Mit Käse bestreuen und in der vorgeheizten Backröhre bei 180 Grad 20 bis 30 Minuten überbacken.

Tipp: Das Rezept eignet sich gut zur Verwertung von übrig gebliebenen Kartoffelknödeln und Gemüseresten.

Schnella Aflaaf

Schneller Auflauf

1 kg Kartoffeln
Milch
Salz
1 große Dose Sauerkraut
Pfeffer
Muskat
Kümmel
Zucker
1 Zwiebel
50 g Butter
250 g Leberkäse oder Fleischwurst
200 g geriebener Emmentaler

Aus gekochten Kartoffeln, Milch, Salz und Muskat Stampf herstellen. Sauerkraut mit Gewürzen, gehackter Zwiebel und Butter erwärmen und in eine Auflaufform geben. Wurst geschnitten darüberstreuen, obenauf den Stampf streichen, mit Käse bestreuen und bei 200 Grad ca. 15 Minuten überbacken.

Knedln, Nudln

Klöß
Kniadla
Spouzn
Spozn

und a goude Soss

Erdäpflspo(u)zn

Kartoffelknödel

3 kg Kartoffeln
Salz
eventuell Stärkemehl
geröstete Semmelwürfel

Ein Drittel der Kartoffeln kochen, häuten, durchpressen. Die restlichen Kartoffeln roh schälen, reiben, im Säckchen durchpressen. Saft auffangen, die rohen, geriebenen Kartoffeln sofort zu den heißen, gekochten geben und salzen. Derweil hat sich im Kartoffelwasser Stärke abgesetzt. Diese dem Teig zugeben.

Probeknödel in kochendes Salzwasser einlegen. Wenn der Knödel seine Form behält, passt der Teig, ansonsten noch etwas Stärkemehl dazugeben. Übrige Knödel formen, mit Semmelwürfel in der Mitte. Knödel nicht sprudelnd kochen, nur ziehen lassen (ca. 20 Minuten, je nach Größe).

Tipp: Wenn man einen Teil der abgesetzten Stärke in das Knödelkochwasser gibt, dann kochen die Spo(u)zn nicht ab.

Schnelle Spo(u)zn

Schnelles Knödelrezept

1 kg Kartoffeln
200 g Kartoffelstärke
200 ml kaltes Wasser
Salz

Kartoffeln kochen, häuten, durchpressen, Kartoffelstärke mit kaltem Wasser verrühren und mit einer Prise Salz unter die heißen Kartoffeln kneten. Aus heißem Teig Knödel formen und im kochenden Salzwasser 10 bis 15 Minuten ziehen lassen.

Gwichste
Roggenknödel

200 g Roggenmehl
Salz
Wasser

Mehl, Salz und Wasser zu einem Teig vermengen, daraus Knödel formen und 20 bis 25 Minuten in Salzwasser aufkochen. Die klassische Beigabe zu den Gwichsten ist ein Geselchts, ein Schwarzgeräuchertes.

Tipp: Besonders lecker sind die Roggenknödel, wenn sie auch noch mit angerösteten, gewürfelten Roggenbrotstückchen gefüllt werden. In manchen Gegenden wird auch Griebenschmalz als Füllung verwendet.

Spruuz
Spritzer, kleine Menge Flüssigkeit

dutschn
Brot in Soße tunken

äiamal
manchmal, ab und zu

gnaschi(g)
wählerisch

Speckln
Speckstückchen

dätschn, zsammdätschn
zusammendrücken, flach machen

Gselchts
geräucherter Speck, Schwarzgeräuchertes

Semmlkniadla

Semmelknödel

10 altbackene Semmeln
3/8 Liter lauwarme Milch
100 g Butter
2 Zwiebeln
Petersilie
4–5 Eier
Salz

Die Semmeln in kleine Scheiben scheiden, mit lauwarmer Milch übergießen und einige Minuten ziehen lassen. Inzwischen in heißer Butter Zwiebeln und Petersilie andünsten. Nun die mit Salz verquirlten Eier über den Semmelteig gießen, ebenso das Gemisch aus Zwiebeln und Petersilie. Alle Zutaten zu Teig verarbeiten, 15 Minuten ruhen lassen, nochmals durcharbeiten. Probeknödel in kochendes Salzwasser einlegen. Wenn er seine Form behält, übrige Knödel mit feuchten Händen formen und einlegen. Ca. 20 Minuten ziehen lassen (nicht sprudelnd kochen). Sollte der Teig zu weich sein, Semmelbrösel unterarbeiten.

Tipp: Die Masse eignet sich auch sehr gut für Serviettenknödel. Dazu einfach aus dem Teig Rollen formen, auf gefettete Alufolie legen und fest umwickeln, damit kein Wasser eindringen kann. Dann das „Päckchen“ in kochendes Wasser legen und etwa 30 bis 45 Minuten (je nach Dicke) leicht köcheln lassen. Der Name erinnert daran, dass früher für die Knödel Stoffservietten aus Großmutters Wäscheschrank herhalten mussten. Aber in moderner Alufolie gelingen die Knödel viel besser. Der rohe Teig lässt sich zudem in der Folie prima auf Vorrat einfrieren.

Gwusst wöi:

Sossn selwa machn

Soßen selber machen

Wer gesund essen will, sollte auch die Soßen selbst machen. Es lassen sich hier ganz ohne Fertigpulver und künstliche Geschmacksverstärker leicht wahre Köstlichkeiten kreieren. Ebenso lecker wie gesund sind zum Beispiel „Sossn mit Wurzlgmöis“ (Zwiebeln, Gelbe Rüben, Sellerieknollen, Petersilienwurzeln, Lauch, Maggikrautwurzeln). Einfach Wurzelgemüse in der Pfanne anrösten, weich dünsten, dann pürieren und mit Wasser, Brühe oder Bratensaft aufgießen. Wurzelwerk, das dem Fleisch im Bratrohr schon beigegeben ist, zum Ende der Bratzeit zum Andicken der Soße pürieren. Das spart den fertigen Soßenbinder.

Eine andere Möglichkeit sind Soßen mit einer leichten Zuckereinbrenn. Dazu Zucker in heißem Butterschmalz mit etwas Mehl goldgelb anrösten und dann mit Wasser ablöschen. Je dunkler die Einbrenn, desto kräftiger wird die Farbe der Soße.

Je nach Geschmacksrichtung lassen sich die Soßen mit Tomatenmark, Senf, Zitronenschale und -saft, gutem Essig und Zucker verfeinern. Der Kreativität sind hier keine Grenzen gesetzt. Bei der Zugabe von Zitronensaft oder Essig muss die Soße immer mit Zucker oder Honig abgerundet werden. Gewürze wie Pfeffer, Muskatnuss, Knoblauch, Curry, Kümmel, Lorbeerblätter, Piment und Wacholderbeeren oder ein Schuss guter Wein geben Ihrer Soße den letzten, ganz persönlichen Pfiff und unterstreichen die jeweilige Geschmacksrichtung.

Lammsoss

Braune Lammsoße

1 kg Lammknochen oder Abschnitte

4 EL Olivenöl

300 g Gelbe Rüben

Sellerie

Zwiebel

3 EL Tomatenmark

1 EL Mehl

Paprika

750 ml Rotwein
(evtl. mit Portwein mischen)

750 ml Wasser

Salz, Pfeffer

Lorbeer, Knoblauch, Thymian

Herrlich aromatisch im Geschmack, kann man auf Vorrat herstellen oder in Portionen einfrieren.

Gehackte Knochen in heißem Öl scharf anbraten, bis sie schön braun sind. Gelbe Rüben, Sellerie und Zwiebel würfeln, Tomatenmark zugeben und ebenfalls scharf mitrösten. Mit Mehl und Paprika bestäuben und durchrühren. Mit Rotwein und Wasser auffüllen, Gewürze zugeben. Bei kleiner Hitze ca. ein bis zwei Stunden kochen lassen (die Hälfte der Zeit bei offenem Deckel, damit die Soße einkocht). Bei Bedarf etwas Flüssigkeit nachgießen. Alles durch ein feines Sieb geben, eventuell Gemüse leicht durchpassieren oder mit zwei bis drei Esslöffel kalter Butter sämig aufschlagen (mit Schneebesen unterschlagen).

Dunkle Soss

Rindfleischsoße

1 Zwiebel
10 g Zucker
30 g Fett
40 g Mehl
½ Liter Brühe
Essig
Sauerbratengewürz im Tee-Ei
eventuell Rotwein
Salz, Pfeffer

Zwiebel klein schneiden, Zucker in heißem Fett goldbraun werden lassen, Mehl und Zwiebel zugeben, mitrösten und mit Brühe und Essig aufgießen. Sauerbratengewürz im Tee-Ei hineinlegen und etwa zehn Minuten durchkochen. Dann mit Rotwein, Salz und Pfeffer abschmecken. Eventuell pürieren.

Tipp: Rindfleisch schneidet man am besten nach dem Kochen in Scheiben und lässt es in der Soße wieder heiß werden.

Senfsoss

Senfsoße zu Gemüse, vor allem zu Spargel

2 Schalottenzwiebeln
1 TL Butter
2 EL Senf
100 ml Weißwein
1 Becher Sahne
1 Ei
1 EL Crème fraîche
Salz, Pfeffer, Zucker

Schalottenzwiebeln fein hacken und in Butter andünsten, Senf und Weißwein zugeben. Mit Sahne, Eigelb und Crème fraîche verrühren und zur Senfmasse geben. Einmal aufwallen lassen. Soße mit Salz, Pfeffer und Zucker abschmecken.

Kreitasoss

Kräutersoße zu Nudeln und Spargel

1 Schalottenzwiebel
1 EL Butter
100 g Crème fraîche
100 ml süße Sahne
2 Eier
Salz, Pfeffer
Zucker und Kräuter nach Belieben

Schalottenzwiebel in Butter andünsten, Crème fraîche und süße Sahne mit dem Eigelb verrühren und zugeben, Salz, Pfeffer, Zucker und fein gehackte Kräuter zugeben. Einmal kurz aufwallen lassen.

Nudeln

Heute versteht man unter Nudeln meist Teigwaren. In der Oberpfälzer Küche gab es aber auch allerlei Nudeln, die aus Kartoffeln hergestellt wurden, darunter die bekannten Fingernudeln, die Bauchstechala, die unter den Erdäpfelgerichten zu finden sind. Also bitte nicht verwirren lassen.

> „Hans, Dampf, Nudldrugger,
> um an Pfenning Kandiszucker
> um a Fünferl stinkerts Fleisch,
> dös is an Hans sei löibste Speis."
>
> Spottvers

Kaasnudeln

Käsenudeln

- ½ Liter Milch
- 3 Eier
- 500 g Mehl
- 1 TL Salz
- 100 g weiche Butter
- 2 große Zwiebeln
- 200 g geriebener Emmentaler

Milch, Eier, Mehl, Salz und 60 Gramm Butter zu einem glattem Teig verrühren.

Zwiebeln in Halbringe schneiden und in der restlichen Butter andünsten. Den Teig durch den Spätzlehobel oder ein Sieb mit großen Löchern in reichlich Salzwasser drücken und garen, bis die Kaasnudeln hochkommen. In eine flache Auflaufform mit Zwiebeln einschichten und mit Käse abdecken. Im 200 Grad heißen Ofen ca. 15 Minuten überbacken.

Hei und Strouh

Heu und Stroh

200 g grüne und
200 g gelbe Bandnudeln

200 g Schinken

80 g Butter

1 Becher Sahne

100 g Parmesan

Salz

Pfeffer

Muskat

Nudeln bissfest kochen und abgießen. Schinken in Würfel schneiden. Butter und Sahne verrühren und erhitzen. Dann Parmesan zugeben und mit Salz, Pfeffer und Muskat einrühren. Zum Schluss Schinkenwürfel unter die Nudeln mischen und sofort servieren.

Schmankerln:

Rengschburger Landwein und

Wer das Besondere liebt, kann sein Gericht auch mit Bier- und Weinspezialitäten aus der Oberpfalz auf den Tisch bringen. Im Osten des Landkreises Regensburg gibt es entlang der Donau das zweitkleinste Weinbaugebiet Deutschlands. Auf rund vier Hektar Anbaufläche kultivieren Hobbywinzer in den Gemeinden Tegernheim, Donaustauf, Bach, Wiesent und Wörth im Landkreis Regensburg weißen Baierwein. Vor allem die frühreife Sorte Müller-Thurgau, aber auch Weißer Elbling, Bacchus, Perle, Dornfelder, Domina Regent und Grüner Silvaner gedeihen an den Südhängen der Donau recht gut. Die Geschichte des Baierweins wird im Baierweinmuseum in Bach an der Donau präsentiert. An einem Weinlehrpfad wird nicht nur Weinbau ausführlich und praxisnah geschildert, es gibt dort auch die wichtigsten Weiß- und Rotweinsorten der Region zu bestaunen.

Weitere Infos unter www.regensburgerlandwein.de

Zoigl

Ein Pendant dazu ist in der Nordoberpfalz das Zoiglbier. Die Würze für den naturtrüben Gerstensaft wird in den fünf Kommunbrauorten Mitterteich und Falkenberg im Landkreis Tirschenreuth sowie Windischeschenbach, Neuhaus und Eslarn im Landkreis Neustadt a. d. Waldnaab noch so wie anno dazumal im gemeinschaftlichen Kommunbrauhaus gekocht und gehopft. Eine Nacht bleibt der Sud im Brauhaus und kühlt im offenen Kühlschiff ab. Dann nehmen die Bierrechtler die Würze mit nach Hause und vergären sie nach alten Hausrezepten mit Hefe zu Bier. Das Kommunbier wird ohne Zusatz von haltbar machenden Stoffen hergestellt. Deshalb sucht man den echten Zoigl in Getränkemärkten vergeblich. Wer richtigen Zoigl will, der muss schon mit einem großen Gefäß in eine der Zoiglstuben kommen und ihn dort selbst abholen.

Zoigl ist Kommunbraubier,
und trinkt's der Mann, wird er zum Stier,
bei der Frau wirkt es erst dann,
wenn der Mann schon nicht mehr kann.

Norbert Neugirg, Kommandant der „Altneihauser Feierwehrkapell'n"

Fisch

Karpfn

Forelln

Birschterl

Gwusst wöi:

Fisch zubereiten

Fisch ist sehr eiweißreich, reich an ungesättigten Fettsäuren, reich an Mineralstoffen und bei richtiger Zubereitung leicht verdaulich.

Wichtig ist, die Fische erst kurz vor Zubereitung zu salzen und im Sud nie zu kochen, sondern nur ziehen zu lassen. Immer nur geringe Temperatur beim Braten oder Dünsten wählen, bei zu hoher Temperatur wird Fischfleisch trocken und strohig. Garzeit je nach Dicke der Stücke nur wenige Minuten. Ein ganzer Fisch ist fertig, wenn die Augen weiß sind. Frisch abgefischte Karpfen nie sofort schlachten und verwenden, sondern ein bis zwei Tage in frischem Wasser schwimmen lassen, damit sie den modrigen Weihergeschmack verlieren. Gefrorenes Fischfilet am besten in Weißwein auftauen lassen und dann zubereiten.

Verena Stier

Schmankerl:

Oberpfälzer Karpfen

Der Karpfen ist als Spezialität der Oberpfalz von der Europäischen Union sogar als geografische Herkunftsangabe geschützt. Fast ein Viertel der in Deutschland erzeugten Karpfen stammen aus dem Regierungsbezirk. Kein anderes Gericht versinnbildlicht so das raue Klima und den Wasserreichtum der Region wie dieser Fisch, der mittlerweile zum heimlichen Wappentier der Oberpfälzer geworden ist, was viele „Phantastische-Karpfen-Kunstwerke" versinnbildlichen. Eine Teichnixe wirbt für das Produkt und eine Brauerei im Landkreis Tirschenreuth bringt alljährlich im Herbst mit dem Karpfentrunk eine besondere Fisch-Bier-Spezialität auf den Tisch. Die Karpfenzucht hat hier eine fast tausendjährige Tradition und ist eng mit dem im 12. Jahrhundert gegründeten Zisterzienserkloster Waldsassen im Landkreis Tirschenreuth verbunden, das die Fischzucht gefördert hat. Allein im Landkreis Tirschenreuth gibt es rund 4700 Gewässer, was der Region auch den Beinamen „Land der tausend Teiche" eingebracht hat. Neben dem Tirschenreuther Stiftland ist das Karpfenland mittlere Oberpfalz in den Landkreisen Schwandorf und Amberg-Sulzbach ein Schwerpunkt der Aufzucht. Kurze Vermarktungswege garantieren unvergleichliche Frische und hervorragenden, nussigen Geschmack. Karpfen sind reich an Vitaminen und ungesättigten Fettsäuren und sehr kalorienarm. Als Kirwa-, Weihnachts- und Silvesterfestschmaus ist der Karpfen ein absoluter Klassiker.

Weitere Infos: www.teichgenossenschaft-oberpfalz.de

Birschterl
Barsch

Gaggerl
Ei

Waggerl
kleines Kind

glustert sa
Appetit auf ein bestimmtes Gericht haben

samgogga
so als ob

Zagln
das Zucken des Fisches

Bschoiddöichl
großes Tuch zum Einwickeln von Reiseproviant

Karpfn blau

Karpfen blau

1 mittlerer Karpfen
Salz
Für den Sud:
⅛ Liter Weißwein
⅜ Liter Wasser
⅛ Liter Essig
1 Zwiebel
1 Lorbeerblatt
3 Pfefferkörner
½ Zitrone
40 g Butter

Den Karpfen mit einem scharfen Messer an der Bauchseite aufschneiden und ausnehmen. Unter kaltem Wasser vorsichtig abspülen, damit die Schleimhaut nicht verletzt wird.

Dann innen trockentupfen und salzen. Wein, Wasser und Essig in einem Bräter erhitzen. Zwiebel schälen, halbieren und mit den Lorbeerblättern, Pfefferkörnern und dem Zitronenstück in den Sud geben. Karpfen hineinlegen und 20 Minuten bei niedriger Hitze ziehen lassen. Dann herausnehmen und auf einer vorgewärmten Platte mit geschmolzener Butter, Sahnemeerrettich und Salzkartoffeln servieren.

Bachana Zoiglkarpfn

Gebackener Karpfen im Biermantel

1 Karpfen
Salz
Pfeffer
100 g Mehl
1–2 EL Öl
½ TL Paprika
1 Glas Zoiglbier
1 Ei, Fett
Zitrone
Petersilie

Den Karpfen mit Salz und Pfeffer einreiben und eine Weile stehen lassen, damit er durchsäuert. Anschließend Mehl, Öl, Salz, Paprika, Bier und Eidotter für den Backteig vermengen. Am Schluss den steifen Eischnee unterrühren und ebenfalls einige Minuten stehen lassen. Den Karpfen filetieren und im Bierteig wenden. Anschließend die Stücke in heißem Fett goldgelb backen und mit Zitrone und Petersilie garnieren. Mit Erdäpfelsalat servieren.

Tipp: Als Tüpfelchen auf dem i empfiehlt sich, eine Mayonnaise mit Kräutern (viel Dill nehmen!) abzuschmecken und mit Rahm und Zitronensaft verdünnt zu servieren.

Kreitafisch

Kräuterfisch im Ofen (Forellen, Saiblinge, Renken usw.)

4 küchenfertige Forellen
2 große Zwiebeln
100 g Butter
2 EL gemischte Kräuter
1 EL Petersilie
¼ Liter trockener Weißwein

Forellen salzen und pfeffern, auf Blech oder in feuerfeste Form legen. Zwiebeln in feine Würfel schneiden, in Butter glasig dünsten, gemischte Kräuter und gehackte Petersilie zugeben.

Die Kräuter-Zwiebel-Mischung in die Forellen füllen und obenauf verteilen. Im 200 Grad vorgeheizten Backofen 10 Minuten garen, mit trockenem Weißwein übergießen und nach weiteren 10 Minuten servieren. Kann sehr gut vorbereitet werden.

Forelln mit Schwammer

Forelle mit Austernpilzen

3 Knoblauchzehen
5 EL Olivenöl
800 g Austernpilze
Salz
schwarzer Pfeffer
2 EL getrockneter Oregano bzw. 3 EL gehackter frischer Oregano
4 Forellen
2 Spritzer Zitronensaft
2 Bund Petersilie
1 Bund Dill
Butterflöckchen

Knoblauchzehen fein würfeln und in das Olivenöl einrühren. Die Austernpilze putzen und in Streifen schneiden. In einer Schüssel die Pilze mit Salz, Pfeffer und Oregano würzen. Nun das Knoblauch-Olivenöl einrühren. Einige Minuten ziehen lassen und dann in einer Pfanne anbraten. Backofen auf 220 Grad vorheizen. Die Forellen unter fließendem Wasser abspülen, trockentupfen und mit Zitronensaft beträufeln. Außen und innen kräftig salzen und pfeffern. Vier Stücke Alufolie zurechtlegen. Darauf achten, dass sie groß genug sind, dass je ein Fisch darin eingeschlagen werden kann. Petersilie und Dill waschen und klein hacken. Pilze auf den Alufolien verteilen, die Fische auf die Pilze geben, mit den Kräutern bestreuen und Butterflöckchen darauf verteilen. Die Alufolie einschlagen und im Backofen bei mittlerer Hitze etwa 35 bis 40 Minuten backen. Die Fische auf dem Pilzbett zum Anrichten auf Tellern verteilen, mit Petersilie bestreuen. Mit Salzkartoffeln und grünem Salat servieren.

Folienforelln

Forelle im Silbermantel

4 Forellen
Salz
Essig
etwas Butter
Zitronensaft
1 Bund Petersilie
1 Bund Dill
5 EL Weißwein
Alufolie

Forellen vorsichtig unter kaltem Wasser waschen, damit der Hautschleim nicht zerstört wird, und salzen. Anschließend auf eine Platte legen, mit heißem Essig übergießen und ca. 20 Minuten kaltstellen. Anschließend je zwei Fische in eine Alufolie packen. Die Folie vorher gut mit Butter bestreichen, damit der Fisch nicht anklebt. Die Forellen innen und außen mit Zitronensaft beträufeln, mit fein gehackten Kräutern würzen und den Weißwein darüber verteilen. Anschließend die Folie verschließen und im Wasserbad, in der Pfanne oder im Backofen garen und mit Salzkartoffeln und etwas zerlassener Butter servieren.

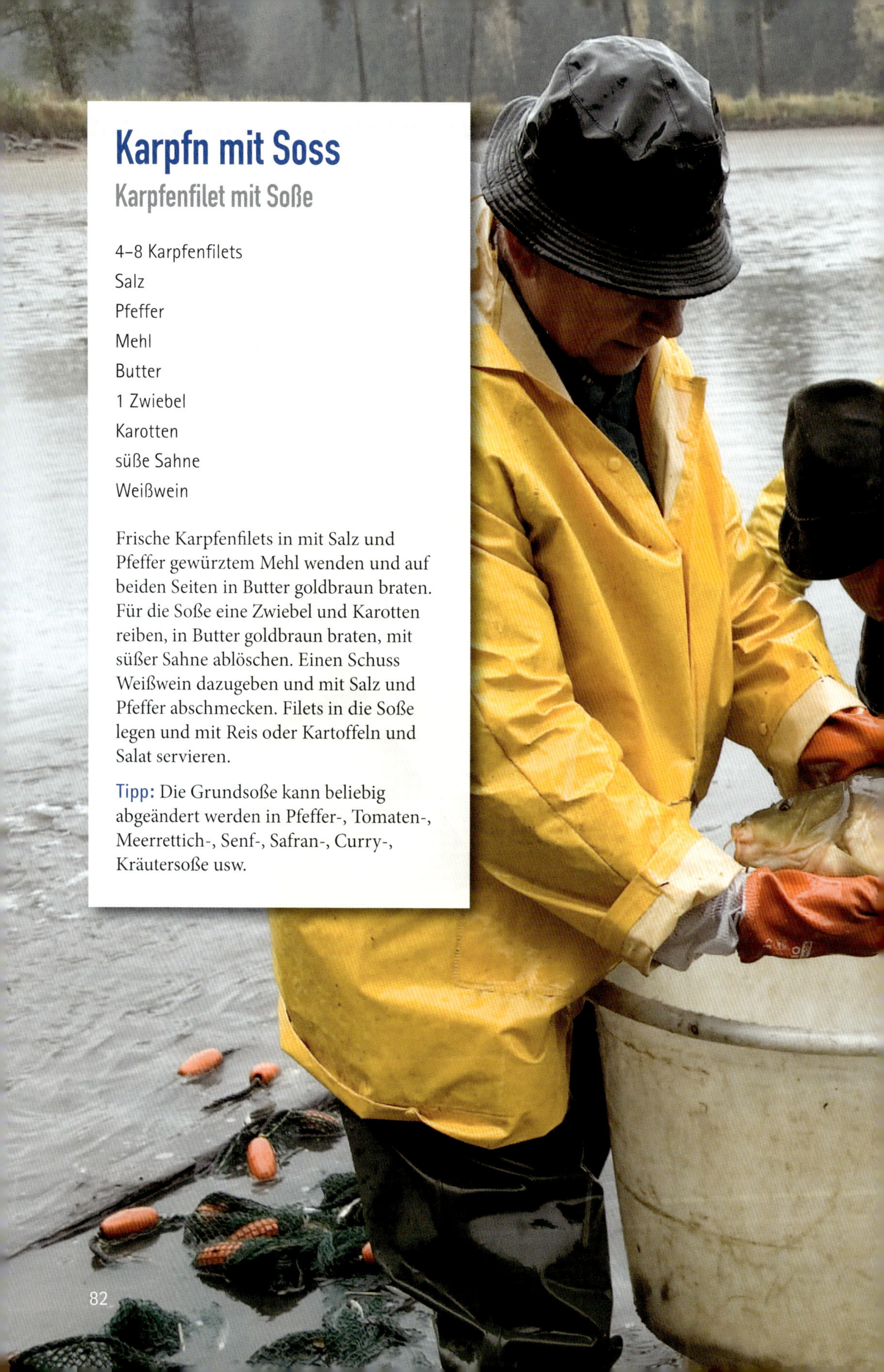

Karpfn mit Soss

Karpfenfilet mit Soße

4–8 Karpfenfilets
Salz
Pfeffer
Mehl
Butter
1 Zwiebel
Karotten
süße Sahne
Weißwein

Frische Karpfenfilets in mit Salz und Pfeffer gewürztem Mehl wenden und auf beiden Seiten in Butter goldbraun braten. Für die Soße eine Zwiebel und Karotten reiben, in Butter goldbraun braten, mit süßer Sahne ablöschen. Einen Schuss Weißwein dazugeben und mit Salz und Pfeffer abschmecken. Filets in die Soße legen und mit Reis oder Kartoffeln und Salat servieren.

Tipp: Die Grundsoße kann beliebig abgeändert werden in Pfeffer-, Tomaten-, Meerrettich-, Senf-, Safran-, Curry-, Kräutersoße usw.

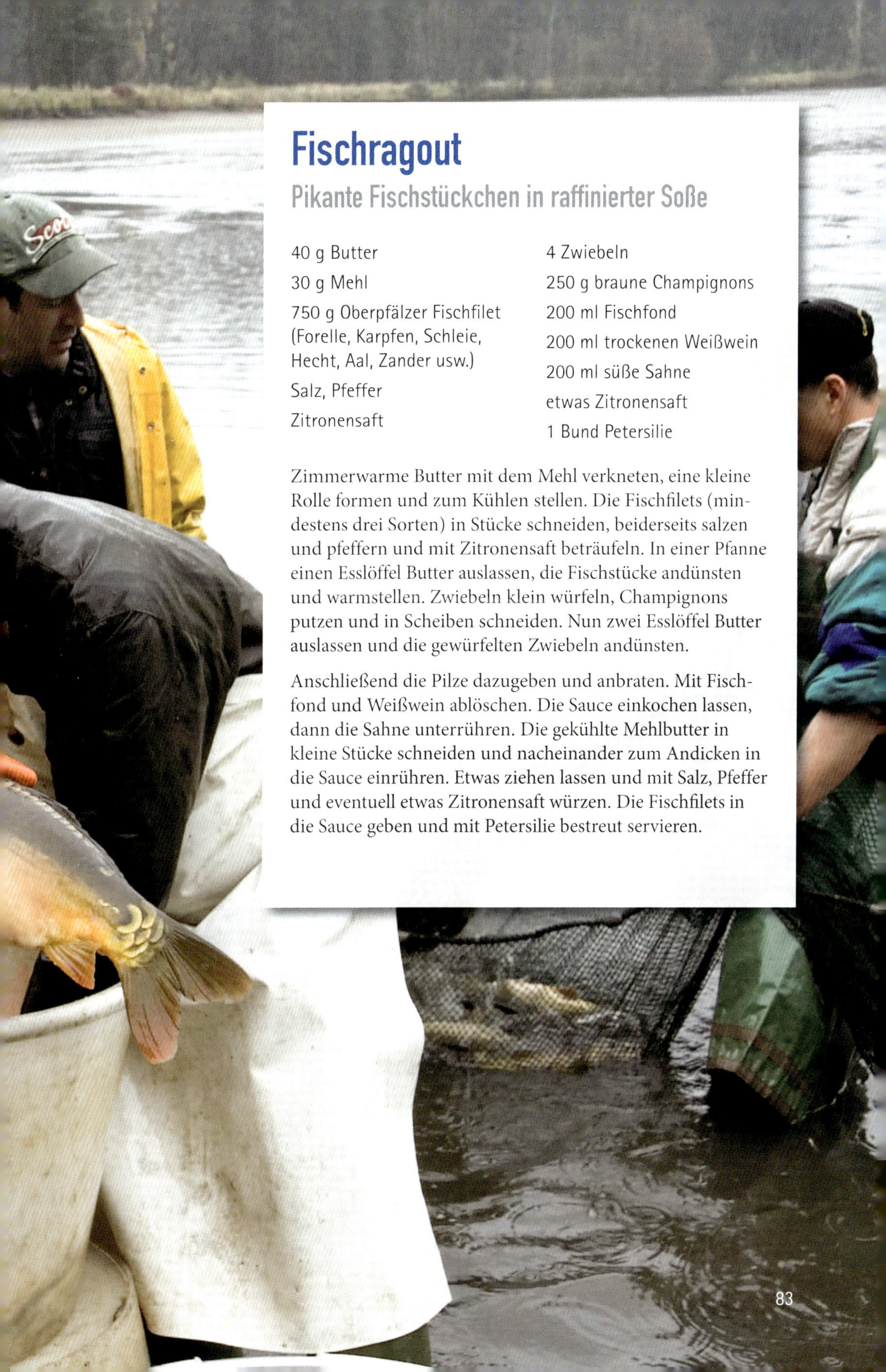

Fischragout

Pikante Fischstückchen in raffinierter Soße

40 g Butter
30 g Mehl
750 g Oberpfälzer Fischfilet (Forelle, Karpfen, Schleie, Hecht, Aal, Zander usw.)
Salz, Pfeffer
Zitronensaft
4 Zwiebeln
250 g braune Champignons
200 ml Fischfond
200 ml trockenen Weißwein
200 ml süße Sahne
etwas Zitronensaft
1 Bund Petersilie

Zimmerwarme Butter mit dem Mehl verkneten, eine kleine Rolle formen und zum Kühlen stellen. Die Fischfilets (mindestens drei Sorten) in Stücke schneiden, beiderseits salzen und pfeffern und mit Zitronensaft beträufeln. In einer Pfanne einen Esslöffel Butter auslassen, die Fischstücke andünsten und warmstellen. Zwiebeln klein würfeln, Champignons putzen und in Scheiben schneiden. Nun zwei Esslöffel Butter auslassen und die gewürfelten Zwiebeln andünsten.

Anschließend die Pilze dazugeben und anbraten. Mit Fischfond und Weißwein ablöschen. Die Sauce einkochen lassen, dann die Sahne unterrühren. Die gekühlte Mehlbutter in kleine Stücke schneiden und nacheinander zum Andicken in die Sauce einrühren. Etwas ziehen lassen und mit Salz, Pfeffer und eventuell etwas Zitronensaft würzen. Die Fischfilets in die Sauce geben und mit Petersilie bestreut servieren.

Fleisch

Sugerl
Giggerl
Kaiwl
Bätzerl
Trudara
Ganserl
Antn

„Wir kumma vo der weitn Reis'
und bitten um a Wurscht und Fleisch,
de Bäurin is a goude Frau
und gibt uns gwieß die halbe Sau."

Spruch vom Wurstsuppenfahren,
einem alten Brauch bei Hausschlachtungen

Überbachana Gmöisaflaaf

Überbackener Hack-Gemüseauflauf

1000 g Hackfleisch
2 Zwiebeln
40 g Butter
Paprika, Pfeffer, Salz
2–3 Gelbe Rüben
1 Dose Mais
2 Becher Sahne
2 EL Tomatenmark
3 Gläser geschnittene Champignons
Basilikum
300 g geriebener Emmentaler

Zwiebeln klein schneiden, in Butter andünsten, Hackfleisch zugeben, mit Paprika, Pfeffer, Salz würzen und gut durchbraten. Backofen auf 200 Grad vorheizen.

In die Hackfleischmasse die geraffelten Gelbe Rüben, Mais, Sahne, Tomatenmark, Champignons und Basilikum unterrühren. Nach dem Abschmecken die Masse in eine Auflaufform geben und mit geriebenem Emmentaler abdecken.

25 Minuten bei 200 Grad backen, bis der Käse leicht gebräunt ist.

Zwiewldopf

Zwiebel-Hackfleischtopf

5 große Zwiebeln
3 EL Öl
300 g Hackfleisch
5 Kartoffeln
3 Gelbe Rüben
3/4 Liter Fleischbrühe
1 kleine Dose Erbsen
1 TL Salz
1/2 TL Pfeffer
1/2 TL Paprika
Oregano
1 EL Tomatenmark oder scharfes Ketchup
Crème fraîche
1 EL Petersilie

Die in Ringe geschnittenen Zwiebeln im Öl in einer hohen Pfanne glasig dünsten. Das Hackfleisch dazugeben und unter Rühren mitdünsten. Die Kartoffeln und die Gelben Rüben schälen und in kleine Würfel schneiden und zum Hackfleisch geben. Die Fleischbrühe zugießen und alles zugedeckt 25 Minuten schmoren lassen. Die Erbsen abtropfen lassen und kurz vor Ende der Garzeit dazugeben. Mit Salz, Pfeffer, Paprikapulver und etwas Oregano würzen. Mit Tomatenmark oder scharfem Ketchup abschmecken. Einen halben Becher Crème fraîche einrühren. Mit der gehackten Petersilie bestreut servieren.

Fleischpflanzerln / Fleischköichala

Frikadellen

- 2 altbackene Semmeln
- 1 große Zwiebel
- Butter
- 500 g gemischtes Hackfleisch
- 2 Eier
- Semmelbrösel
- ½ Bund Petersilie
- Salz
- Pfeffer
- Bratfett

Die Semmeln in warmem Wasser aufweichen lassen, die Zwiebel hacken und in Butter dünsten, bis sie glasig wird. Die Semmeln aus dem Wasser nehmen, in der Hand ausdrücken und mit dem Hackfleisch, den Zwiebelstückchen und den Eiern zu einem Brei vermengen. Dann Semmelbrösel dazugeben, bis sich der Teig schön kneten lässt. Den Teig mit der klein gehackten Petersilie vermengen und mit Salz und Pfeffer würzen. Dann kleine, runde Kücheln formen und im heißen Fett in der Pfanne knusprig braun braten. Dazu schmecken am besten Salzkartoffeln oder Kartoffelsalat.

Krustnbratn

Schweinsbraten

1 kg Schweinebauch (Schulter oder Nacken)
Salz
Pfeffer
Kümmel
¼ Liter Wasser
2 Zwiebeln
2 Gelbe Rüben
2 Knollen Sellerie
Salz

Backofen auf 200 Grad vorheizen. Fleisch am Stück waschen, abtupfen, mit Pfeffer und Kümmel einreiben, in Pfanne oder Bräter mit der Schwarte nach unten legen, kräftig anbraten. Dann umdrehen und einen Viertelliter heißes Wasser neben das Fleisch gießen und ab ins Rohr. Zwiebeln, Gelbe Rüben und Sellerie in Scheiben schneiden und nach ca. einer halben Stunde zugeben, den Braten wiederholt mit Bratensaft übergießen, eventuell wenden. Nach ca. 90 Minuten bei genügender Bräunung Fleisch aus der Pfanne nehmen, zugedeckt ruhen lassen. Für die Soße Bratenfond in einen Topf geben und mit Wasser verdünnen, Salz zugeben und mit dem Gemüse kochen lassen. Am Schluss die Soße pürieren und noch einmal abschmecken. Dann den Braten quer zur Faser in Scheiben schneiden, auf Platte anrichten und mit etwas Soße darüber mit Knödeln servieren.

Bauchfleischrolln

Rouladen aus Schweinefleisch

4 Scheiben Schweinebauch (vom Metzger als Schmetterlingsscheiben schneiden lassen)

Pfeffer

Senf

1 Zwiebel

4 Räucherbauchscheiben

2 Essiggurken

1 EL Butterschmalz

500 g Kartoffeln

Sahne

Zucker

Petersilie oder Schnittlauch

Die Schweinebauchscheiben pfeffern, mit Senf bestreichen, mit Zwiebelringen belegen. Auf jede Rolle eine dünne Räucherbauchscheibe und eine halbe Essiggurke legen, dann das Fleisch aufrollen und mit Zahnstochern zustecken oder mit Küchengarn umwickeln.

Im Schnellkochtopf Butterschmalz erhitzen, die Rollen rundum anbraten und mit Wasser aufgießen. Bügel darübersetzen und im gelochten Einsatz die geschälten und geviertelten Kartoffeln einschichten. Rand abwischen, Topf schließen, garen lassen. Ist der Druckstift oben, Platte ausschalten. Fertige Rollen entnehmen, warmstellen. Soße mit Senf, Sahne, Salz und Zucker zubereiten und abschmecken. Am Schluss Petersilie oder Schnittlauch über die Kartoffeln streuen.

Schweinshaxn mit Zoiglsoss

Schweinshaxen mit Biersoße

4 obere Schweinshaxen

Salz

Pfeffer

Kümmel

1/4 Liter Zoiglbier

Zwiebeln

Schwarte der Schweinshaxen in große Rauten einschneiden und mit Salz, Pfeffer und etwas Kümmel einreiben. In einem Bräter im Rohr bei ca. 175 Grad schmoren lassen.

Nach ca. einer Stunde gießt man etwas Zoiglbier darüber, legt reichlich grob geschnittene Zwiebeln herum und brät das Fleisch weiter, bis die Haxen braun und knusprig sind. Dann das Fleisch herausnehmen und aus dem Bratenfond mit dem restlichen Bier eine Zoiglsoße machen.
Mit Erdäpfelsalat oder Spouzn servieren.

Gsottns Rindfleisch

Rindfleisch in Knochenbrühe

Gelbe Rüben
Knollensellerie
Lauch
1 kg Suppenknochen
Wasser
Salz
Pfeffer
1–2 kg Suppenfleisch (Querrippe, Schulterblatt oder Tafelspitz)
Schnittlauch

Gelbe Rüben, Knollensellerie und Lauch putzen und in grobe Stücke schneiden. Knochen und Wurzelwerk im erhitzten Topf anrösten, mit kaltem Wasser aufgießen. Die kochende Suppe dann salzen, etwas pfeffern und Fleisch in die kochende Brühe einlegen, damit sich die Poren schließen. Je nach Menge eineinhalb bis zwei Stunden sanft kochen lassen. Das Rindfleisch wird später kalt in schöne Scheiben geschnitten, in einer etwas tieferen Platte angerichtet und mit kochender Rindssuppe übergossen. Mit Schnittlauch bestreut servieren.

Tipp: Wenn man das Fleisch im Kochwasser erkalten lässt, bleibt es schön saftig. Selbst gemachter Kren macht daraus ein richtiges Fest für den Gaumen.

Fleischsolod

Feiner Rindfleischsalat

300–400 g gekochtes Rindfleisch
200 g Kochschinken
2 Zwiebeln
Öl
2 große Gewürzgurken
2 saftige Äpfel
1 rote Paprika

Marinade:

4 EL Essig
2 EL Zucker
1 TL Salz
1 Messerspitze weißer Pfeffer
3 EL Öl

Rindfleisch und Schinken in feine Streifen schneiden. Zwiebeln fein schneiden und in Öl legen. Gewürzgurken und Äpfel würfeln. Paprika in feine Streifen schneiden. Aus Essig, Zucker, Salz, weißem Pfeffer und Öl Marinade herstellen, mit den anderen Zutaten vermengen und alles durchziehen lassen. Mit Weißbrot oder würzigem Bauernbrot servieren.

Erdäpfl-Hack-Aflaaf

Kartoffel-Hackfleisch-Auflauf

1 kg Kartoffeln
500 g Rinderhackfleisch
1 kleine gehackte Zwiebel
2 Becher süße Sahne
2 Eier
Salz
Paprika (mild)
Peffer
Muskatnuss
100 g geräuchertes Bauchfleisch in Scheiben

Kartoffeln schälen, waschen und in dünne Scheiben schneiden. Dann Kartoffeln, Hackfleisch und Zwiebelstücke in Schichten in eine Auflaufform richten. Mit einer Lage Kartoffeln abschließen. Sahne, Eier, Salz, Paprika, Pfeffer und Muskatnuss vermengen und über die Masse gießen. Die Kartoffeln müssen vollständig bedeckt sein. Räucherfleisch darüberlegen und zugedeckt bei 220 Grad ca. zweieinhalb Stunden in der Backröhre backen.

Zehn Minuten vor Ende der Garzeit den Deckel abnehmen.

Von wegen

Stoapfalz:

Die Oberpfalz ist heute eine Region, in der Milch und Honig fließen. Zuletzt produzierten die Kühe im Regierungsbezirk mehr als eine Milliarde Liter Milch pro Jahr, aus der Molkereien Joghurts, Käse und andere gesunde Milchprodukte herstellten. Früher spielte die Milch keine so große Rolle. Die prall gefüllten Euter des modernen Fleckviehs kannten die Oberpfälzer nicht. Milcharmes Rotes Höhenvieh prägte landauf, landab das Bild. Die Rasse gab zwar relativ wenig Milch, lieferte dafür aber gutes Fleisch und war ein exzellentes Zugtier. Zeitweise erinnerten nur noch die Wirtshausschilder „Zum Roten Ochsen“ an die vierbeinigen „Bulldogs“ der Urgroßeltern. In einer Zeit, in der Milch im Überfluss vorhanden ist, trifft man die roten Rinder immer öfter wieder an. Die Tiere werden heute nicht mehr wegen ihrer Zugleistungen, sondern wegen ihrer Vorzüge als Landschaftspfleger und ihres guten Fleisches geschätzt. Ein Schmankerl, gewürzt mit einem Schuss Nostalgie.

Rahmbratn

Rinderschmorbraten (Magerbraten) mit Rahmsoße

50 g wasserfreies Fett

3/4 bis 1 kg Fleisch von Schulter, Hals oder Keule

Pfeffer

reichlich Wurzelgemüse (Gelbe Rüben, Knollensellerie, Lauch)

Salz

1 Becher Sahne

eventuell etwas Tomatenmark

Fett erhitzen (aber nicht überhitzen). Fleisch mit Pfeffer einreiben, rundum anbraten (nicht anstechen, weil sonst Saft verloren geht). Mit Bratschaufeln wenden, Wurzelgemüse zerkleinern, zugeben und mitschmoren lassen für gute Soße. Mit kochendem Wasser angießen, bei kleiner Hitze garen lassen, jetzt erst Salz zufügen. Braten ca. 90 Minuten garen lassen, Fleisch hin und wieder wenden. Am Schluss Sahne und Tomatenmark zugeben und mit Gewürzen noch einmal abschmecken.

Schmankerl:

Bärwurz

Zu einem deftigen Essen gehört natürlich auch ein gutes Verdauungsschnapserl. In der ganzen Oberpfalz werden die Früchte der Region zu hochwertigen Bränden und leckeren Likören verarbeitet, die keinen Vergleich zu scheuen brauchen. Sogar Oberpfälzer Whiskey reift in Holzfässern heran. Am bekanntesten sind der Bärwurz und der Blutwurz aus dem Landkreis Cham, die als besonders gesundheits- und verdauungsfördernd gelten. Die Herstellung des 40- bis 60-prozentigen „Bayerwald-Diesels“ ist eine langwierige Angelegenheit. Die Bärwurzwurzeln, die dem Scharfen den typischen Geschmack verleihen, müssen bis zu acht Jahre heranwachsen, bevor sie die richtigen Aromastoffe haben. Bis zu zehn Jahren dauert nach der doppelten Destillation der Reifeprozess, der aus der weiblichen Pflanze einen männlichen Hochprozentigen macht. An der Farbe erkennt man bereits, ob ein Bärwurz in einem modernen Stahl- oder einem richtigen Eichenfass gelagert worden ist. Denn nur im Holzfass hat das „Geheimnis des Bayerwaldes“ die goldgelbe Färbung, die früher genauso typisch war wie die Steingutflasche, in der er abgefüllt wird.

Hymne an die Oberpfalz

Die Oberpfalz, erdäpflreich, dös is mei Heimatland.
Aus Spott nennt man's Kartoffelpfalz, der Nam' is weit bekannt.
Als wenn's Kartoffel da nur gäb, dös is a damisch Gred,
wost hischaust af da ganzen Welt Erdäpflstauern stehn.

Stoapfälzer song s', die dummen Leit, die Stoa san uns scho recht,
von dene Stoa, ihr lieben Leit, ernährt si unser Gschlecht.
Basalt, Granit und Eisenerz, dös gibt's in unserm Land,
und döi Fabriken, die wir hom, trogn Geld, dös is bekannt.

Die Oberpfalz hat Burgen gnou, aus guter, alter Zeit.
Ein Zeichen, dass die Oberpfalz bekannt war, weit und breit.
Wie hätten sich die Rittersleit sonst ansässig hier gmacht.
Von jedem Fels, von jedem Berg a Schlösserl runtalacht.

Ja unsere Pfalz ist ned so schlecht, wie andere oft song.
Wir lassen s' spotten, denn wir hom, gottlob, an goudn Mong.
Denn wer a schweiners Fleisch vertragt, mit Knödel kugelrund,
a Sauerkraut wohl aa dazou, der fühlt si kerngesund.

Es lebe hoch die Oberpfalz, mit ihren vielen Stoa,
mit ihren Schlösseln, ihren Burgen und ihren Teichen, grouß und kloa.
Mit ihren Wäldern, schattig-grün, mit Bächen hell und rein,
hoch Heimatland, hoch Oberpfalz, in dir möchte ich sein.

Dichter unbekannt, niedergeschrieben von „Fronhöfer-Res" (Therese Gebhardt) aus Pressath († 1986), die dieses Gedicht als Kind Anfang des 20. Jahrhunderts von den Armen Schulschwestern gelernt hat.

… das liebe Federvieh

Antnbrust in Hollersoss

Entenbrust in Holundersoße

¼ Liter Wasser oder Geflügelbrühe
3–4 Entenbrüste
Pfeffer
1 Becher Sahne
2–3 EL Holundergelee
1 Stamperl Cognac
Salz

Bratpfanne etwa einen Zentimeter hoch mit Geflügelbrühe füllen und im Backofen auf 175 Grad vorheizen. In einer beschichteten Pfanne auf der Kochplatte die mit Pfeffer gewürzten Brüste auf der Hautseite gut anbraten, wenden und die Unterseite zwei bis drei Minuten bräunen (Fleisch nicht salzen, da es sonst zu trocken wird). Anschließend die Brüste in die Bratpfanne legen und im Backrohr bei 150 Grad ca. 30 bis 40 Minuten garen lassen. In den Bratenfond in der beschichteten Pfanne gibt man Sahne, Hühnerbrühe, Gelee und Cognac. Abschmecken mit Salz und Pfeffer. Die fertigen Entenbrüste etwa zehn Minuten zugedeckt ruhen lassen, in Portionen teilen und mit Soße servieren.

Dazu schmecken Knödel mit Blaukraut oder Salzkartoffeln mit Rosenkohl.

Ganserl

Gebratene Gans

1 junge bratfertige Gans (ca. 3–4 kg)
Salz
Pfeffer
Majoran
4–6 mittelgroße Äpfel
Wasser
2 Zwiebeln

Gans am Vortag innen und außen mit Salz, Pfeffer und Majoran einreiben. Mit mittelgroßen Äpfeln füllen, in den Bräter legen und zudecken. Am Festtag fünf Zentimeter hoch Wasser zugießen, drei bis vier Stunden vor dem Essen in das vorgeheizte Bratrohr stellen und mit geschlossenem Deckel braten. Nach zwei Stunden Deckel abnehmen, mit Bratensaft übergießen und halbierte Zwiebeln dazulegen. Die Gans schön braun und knusprig braten. Soße abgießen, das Fett abschöpfen, die Gans in den Deckel legen, Äpfel in eine Schüssel und etwas Zucker drübergeben. Soße auffüllen, abschmecken. Die Gans am Tisch zerteilen.

Dazu gibt es Knödel und Soße.

Gockerl im Bett

Hähnchen im weichen Semmelteigbett

4 halbe Gockerln oder Hähnchenschlegel

Salz

Pfeffer

Paprika

Semmelteig:

4 Semmeln

3 Eier

1/4 Liter Milch

1 Zwiebel

Petersilie und andere Kräuter (nach Jahreszeit)

Gockerln bzw. Hähnchenschlegel mit Salz, Pfeffer, Paprika würzen, auf das Blech legen und grillen oder knusprig braten. In der Zwischenzeit aus Semmeln, Eiern und Milch lockeren Semmelteig herstellen. Zwiebel würfeln, Petersilie und andere Kräuter hacken, zusammen anschwitzen und dann mit dem Teig vermengen. Vorsichtig salzen!

Die fast garen Fleischstücke aus der Pfanne nehmen, den Semmelteig mit dem Bratenfond verrühren, in der Pfanne auseinanderstreichen und das Fleisch ins „Bett" legen. Nochmals 10 bis 15 Minuten im Rohr überbacken. Mit frischen Kräutern servieren. Dazu einen schönen, bunten Salat nach Jahreszeit.

Bibgockl/Trudara

Truthahn

gson, gröist, broun, bachn

gesotten, geröstet, gebraten und gebacken

Gmach

Ausgenommenes, Innereien

Beuscherl

Lunge

Hir(g)scht-/Winterzäggn

spät reifende Preiselbeeren

Blunzn

Blutwurst, bisweilen auch als Schimpfwort verwendet

Döicherl

kleines Tuch

„A laara Soog stöiht niad."

„Ein leerer Sack steht nicht", Oberpfälzer Variante des Spruchs „Ein leerer Bauch studiert nicht gern."

Trudaragulasch

Putenragout

500 g Putenbrust
Butterschmalz
Frühlingszwiebeln
1 EL Mehl
100 ml Hühnerbrühe
100 ml Weißwein
Salz
Pfeffer
Muskat
300 g Tiefkühlerbsen
2 Eier

Putenbrust in kleine Stücke schneiden und in Butterschmalz kräftig anbraten. Ringe von Frühlingszwiebeln zugeben. Mehl darüberstäuben, mit Hühnerbrühe und Weißwein aufgießen. Mit Salz, Pfeffer, Muskat abschmecken. Acht Minuten leicht köcheln lassen. Tiefkühlerbsen leicht angetaut dazugeben, mit Eigelb legieren und servieren.

Dazu schmecken Nudeln oder Reis.

Gwusst wöi:

Wüldfleisch

Wildfleisch

Unter Wild versteht man frei lebende Tiere, die waidgerecht erlegt, das heißt geschossen werden. Wildfleisch ist sehr eiweißreich (ca. 21 Prozent) und sehr mager. Männliche Tiere haben kräftigeren Wildgeschmack, weibliche ein feinfasriges Fleisch. Man unterscheidet zwischen Haarwild (Reh, Hirsch, Wildhase), Federwild (Fasan, Wildenten, Rebhühner) und Schwarzwild (in der Oberpfalz nur Wildschweine, darunter würden auch Gämsen und Steinböcke fallen).

Hat man einen Jäger im Bekanntenkreis, bekommt man manchmal Fleisch von älterem Wild, das muss vorher gebeizt werden. Zum Jungwild zählen drei bis acht Monate alte Hasen, bis zu drei Jahre alte Rehe, bis zu einem Jahr alte Hirschkälber und bis zu einem Jahr alte Wildschweine. Gut zum Braten eignen sich Rücken (Ziemer), Schlegel und Schulter (Blatt). Alles andere Fleisch von Wildtieren wird zu Gulasch, Ragout oder Wildsuppe verarbeitet. Mittlerweile gibt es in der Oberpfalz auch viel Wild, das in Gehegen gehalten wird. Damit ist Wildfleisch ganzjährig verfügbar.

Raffiniada Wülddopf

Raffinierter Wildtopf

1 kg Gulaschfleisch von Hirsch, Reh oder Wildschwein

500 g Zwiebeln

200 g Rote Rüben

200 g Trockenfeigen

100 g Butterschmalz

Salz, Pfeffer

10 Wacholderbeeren

¼ Liter Wildfond-Essigsud (65 ml Essig, 185 ml Wasser, 2 Zwiebeln, Zitronenschale, je 1 EL Wacholderbeeren, Senfkörner, Pfefferkörner, 2 Stück Nelken, 2 Lorbeerblätter, Thymian, Salbei, Rosmarin, 1 EL Salz)

¼ Liter Rotwein

2 TL Senf

3–4 EL Cognac

Sahne

Fleisch würfeln. Zwiebeln und Rote Rüben würfeln, Trockenfeigen fein schneiden. Butterschmalz erhitzen. Fleisch kurz anbraten, Zwiebeln, Rote Rüben und Feigen dazugeben und mitdünsten. Mit Salz, Pfeffer und zerdrückten Wacholderbeeren würzen. Die Knochen von ausgelösten Bratenstücken im Backrohr im Bräter kräftig anrösten und mit Essigsud aufgießen und salzen. Wein und Fond angießen, aufkochen lassen und bei kleiner Hitze eine Stunde köcheln lassen. Senf und Cognac zugeben und nochmals mit etwas Sahne abschmecken.

Tipp: Das Gulasch kann sehr gut bevorratet werden. Einfach den Wildtopf portionsweise einfrieren.

Wüldgulasch

Wildgulasch

1 kg Reh- oder Hirschfleisch
100 g Räucherbauch
50 g Butterschmalz
4–5 große Zwiebeln
200–300 g frische Pilze oder 50 g getrocknete Pilze
Paprika
2 Lorbeerblätter
2 Wacholderbeeren
1 EL Pfefferkörner
etwas Mehl zum Binden
Salz, Pfeffer
1 Becher Sahne
1 Glas Rotwein
1 EL Johannisbeergelee

Fleisch und Räucherbauch würfeln, Speck und Schmalz in einem großen Topf erhitzen, Fleischwürfel bei guter Hitze darin anbraten, Zwiebeln würfeln und mit in Scheiben geschnittenen Pilzen zugeben. Getrocknete Pilze vorher zwei bis drei Stunden im Wasser quellen lassen und Pilzwasser mit verwenden. Alles mit Paprika bestäuben und durchrühren. Die Gewürzkügelchen in einem Stoffsäckchen zugeben, mit Gemüsefond aufgießen, Topfinhalt ca. eine Stunde garen lassen, salzen und pfeffern. Wenn nötig mit Mehlteiglein binden, aufkochen lassen, mit Sahne, Wein, Johannisbeergelee abschmecken. Die eingebundenen Gewürze aus der Soße nehmen.

Wüldschnitzl im Gmöisbett

Wildschnitzel im Gemüsebett

1 kg Fleisch vom Reh, Hirsch oder Wildschwein aus der Keule
Pfeffer
2–3 Gelbe Rüben in Würfel
2–3 Zwiebeln
100 g Butter
50 g Speck im Stück
1 Stange Lauch
½ Sellerieknolle
¼ Liter Rotwein
100 g Pilze
2–3 Wacholderbeeren
Salz
1 Becher Sahne

Fleisch in Scheiben schneiden, in eine Rein legen und pfeffern. Gelbe Rüben in Würfel schneiden und mit gehackten Zwiebeln in Butter goldgelb rösten. Dann mit Speckstück, in Streifen geschnittenem Lauch und Sellerieknolle schmoren und mit Rotwein sowie etwas Fond aufgießen. Pilze und zerstoßene Wacholderbeeren zugeben und garen lassen (Pilze sollten bissfest sein). Speckstück aus dem Gemüse nehmen. Gemüse mit Salz und Pfeffer abschmecken und heiß über das Fleisch geben. Bei 180 Grad (Umluft 160 Grad) ca. eine Stunde im vorgeheizten Backofen garen. Am Schluss Sahne darübergeben.

Wüldragout

Geschnetzeltes vom Wild

Essigsud:

1 Teil Essig

3 Teile Wasser

2 Zwiebeln

Zitronenschale

je 1 EL Wacholderbeeren, Senfkörner, Pfefferkörner

2 Stück Nelken

2 Lorbeerblätter

Thymian

Salbei

Rosmarin

1 EL Salz

2–3 kg sehniges und knochiges Wildfleisch (von Hals oder Rippen oder Bratenstückreste)

Soße:

30 g Fett

10 g Zucker

40 g Mehl

1 Zwiebel

1/2 Liter Brühe

Salz und Rotwein

Aus Essig, Wasser, klein geschnittenen Zwiebeln, geriebener Zitronenschale, Wacholderbeeren, Senfkörnern, Pfefferkörnern, Nelken, Lorbeerblättern, Thymian, Salbei, Rosmarin und Salz Sud aufkochen und darin das Fleisch vom Wild, das nicht als Braten geeignet ist, weich kochen. Für die Soße macht man eine Zuckereinbrenne aus Fett, Zucker, Mehl, der klein geschnittenen Zwiebel, Brühe, Salz und Rotwein. Zucker im Fett hellgelb bräunen, Mehl zugeben und klein geschnittene Zwiebel mit bräunen. Dann sofort mit abgeseihtem Sud aufgießen, kochen lassen (Zucker darf nicht dunkel werden, sonst wird die Soße bitter).

Soße abschmecken, Fleisch von den Knochen lösen, in Stücke schneiden, zur Soße geben und nochmals abschmecken.

Tipp: Der Sud für das Wildragout ist ohne Salz gleichzeitig die ideale Beize für ältere Wildstücke.

Schmankerl:

Lammfleisch

Ein relativ neues Schmankerl der Oberpfalz sind die leckeren Gerichte aus Lammfleisch. Feinschmecker schnalzen beim zartrosafarbenen Fleisch der jungen Schafe, welche die ungedüngten Hänge im Oberpfälzer Juraland ökologisch beweiden, mit der Zunge. Vor allem an den Osterfeiertagen ist das Oberpfälzer Lamm ein Renner. Selbst Gourmets schwärmen mittlerweile vom besonderen Aroma des feinen Fleisches.

Maßgeblichen Anteil daran, dass Lammfleisch zum Oberpfälzer Schmankerl geworden ist, hat die 2004 gegründete Qualitätsoffensive „Juradistl-Lamm", unter der Oberpfälzer Schafhalter ihre Lämmer gemeinsam vermarkten. Schafhalter aus über dreißig Städten und Gemeinden in den Landkreisen Amberg-Sulzbach, Neumarkt in der Oberpfalz, Regensburg und Schwandorf sind unter diesem Dach vereint, das der frühere Bundespräsident Horst Köhler als „Vorreiter einer zukunftsorientierten, menschen-, tier- und umweltfreundlichen Landwirtschaft" mit dem Förderpreis „Pro Tier" als Beispiel für artgerechte Nutztierhaltung ausgezeichnet hat.

Weitere Infos: www.juradistl.de

Gspickta Lammbratn

Gespickter Lammbraten

- 1500 g Lammkeule
- 1 Rosmarinzweig
- 4 Knoblauchzehen
- Salz
- schwarzer Pfeffer
- 3 EL Olivenöl
- 100 g fetter Speck
- 200 ml trockener Weißwein
- 1 EL Petersilie
- 1 EL Semmelbrösel
- 2 EL geriebener Parmesan

Die Lammkeule an verschiedenen Stellen mit einem scharfen Messer einstechen und mit Rosmarinnadeln und halbierten Knoblauchzehen spicken, salzen und pfeffern. Den Backofen auf 200 Grad vorheizen. Zwei Esslöffel Öl in einem großen, schweren Bratentopf erhitzen, den Speck würfeln und darin auslassen.

Die gespickte Lammkeule in das Fett geben und ringsum gut anbraten, mit Wein ablöschen und die Flüssigkeit um die Hälfte reduzieren. Im Backofen etwa 75 Minuten garen, dabei mehrmals mit dem Bratensaft übergießen.

Fein gehackte Petersilie, Semmelbrösel, Parmesan und das restliche Olivenöl vermischen. Die Lammkeule mit der Würzsauce bestreichen und im Backofen noch weitere 15 Minuten im offenen Topf überkrusten lassen. Nach Ende der Garzeit die Lammkeule zehn Minuten ruhen lassen, dann das Fleisch aufschneiden, auf einer vorgewärmten Platte anrichten und mit dem Bratensaft übergießen.

Lammpfandl

Bärlauch-Lammtopf

- 800 g Lammfleisch (Hals oder Schulter)
- 250 g Gelbe Rüben
- 100 g durchwachsener Speck
- 200 g Zwiebeln
- Salz
- Pfeffer
- Wasser
- 300 g grüne Bohnen
- 50 g frischer Bärlauch

Lammfleisch, Gelbe Rüben, Speck und Zwiebeln würfeln. Speck und Zwiebeln in Olivenöl anrösten, das Fleisch zugeben, salzen, pfeffern und rösten. Mit Wasser auffüllen, bis das Fleisch knapp bedeckt ist. Leicht köcheln lassen. Nach ca. einer Stunde (das Fleisch sollte fast weich sein) Karottenwürfel und die Bohnen zugeben. Nach fünf Minuten den gehackten Bärlauch zugeben, kurz mitkochen und mit den Gewürzen abschmecken. Mit frischem Weißbrot oder Kartoffelgratin servieren.

Lammrückn in Kreiterkrustn

Lammrücken in Senf-Kräuterkruste

100 g weiche Butter
1 Knoblauchzehe
4 EL frischer Thymian
Rosmarin
Petersilie
Oregano
1 Prise Curry
1 Eigelb
25 g Semmelbrösel
800 g ausgelöster Lammrücken
Salz
Pfeffer
3 EL Öl
3 TL mittelscharfer Senf

Butter schaumig rühren. Knoblauchzehe quetschen, Thymian, Rosmarin und Petersilie hacken und mit Oregano, Curry, Eigelb und Semmelbrösel einrühren. Lammrücken mit Salz und Pfeffer würzen, kurz von allen Seiten in heißem Öl anbraten, mit Senf dünn bestreichen, die Butter-Kräuter-Mischung auf dem Rücken verteilen.

Im vorgeheizten Ofen bei 190 Grad, am besten bei eingeschaltetem Grill, auf der obersten Schiene ca. zehn bis 15 Minuten gratinieren (Vorsicht, wird schnell schwarz). Fleisch mit Alufolie abdecken und etwa noch zehn Minuten bei 50 Grad (Ofentüre leicht öffnen) ruhen lassen.

Mit Kartoffelstampf und brauner Lammsoße servieren.

Lammschnitzl

Lammschnitzel in Kruste

4 Schnitzel (Keule)
Salz
Pfeffer
2 Eier
2 EL Milch
4 EL Mehl
200 g Semmelbrösel
2 EL geriebener Parmesan
1 Zweig Rosmarin
2 EL Butterschmalz
Knoblauchzehe

Schnitzel mit Klarsichtfolie bedecken und etwas flach klopfen. Mit Salz und Pfeffer würzen, Eier mit Milch vermischen und Schnitzel in Mehl wenden, dann durch die Eiermilch ziehen und am Schluss mit Gemisch aus Semmelbrösel, Parmesan und Rosmarin panieren. Alles gut festdrücken. Butterschmalz in einer Pfanne erhitzen, gequetschte Knoblauchzehe dazugeben, Schnitzel ausbacken, auf Küchenkrepp abtropfen lassen.

Lammhaxn mit Böiasoss

Lammkeule mit Biersoße

1 Stange Lauch
2 Gelbe Rüben
Sellerie
2 Zwiebeln
4 Lammhaxen
Salz
Pfeffer
4 EL Öl
200 ml Brühe
300 ml Malzbier
gemahlener Zimt
Zitrone
Zucker

Gemüse in grobe Würfel schneiden. Lammhaxn salzen, pfeffern und von allen Seiten scharf in Öl anbraten. Wurzelgemüse kurz mitrösten und mit Brühe und Hälfte des Malzbiers ablöschen. Bei geschlossenem Deckel ca. 60 Minuten schmoren (abhängig von Größe der Haxn, das Fleisch muss sich leicht vom Knochen lösen lassen). Lammhaxn herausnehmen und kurz im vorgeheizten Rohr abgedeckt ruhen lassen. Soße je nach Geschmack pürieren oder Gemüse abseihen. Restliches Malzbier und einen Viertelteelöffel Zimt zugeben und kurz einkochen lassen, mit Zimt, Salz und Pfeffer, eventuell etwas Zitrone, und Zucker abschmecken. Sehr gut dazu sind Spätzle.

Sauas Lamm

Sauerbraten vom Lamm

1 Gelbe Rübe
1 Stange Lauch
2 Zwiebeln
1 Stange Sellerie
125 ml Weinessig
½ Liter halbtrockener Rotwein
2 Lorbeerblätter
1 Zweig Rosmarin
6 Wacholderbeeren
10 Pfefferkörner
1 ausgelöste Lammkeule
Salz, Pfeffer
50 g Tomatenmark
50 g Mehl

Gelbe Rübe und Lauch in zwei Zentimeter lange Stücke schneiden. Zwiebeln vierteln, Sellerie in Stücke schneiden. Mit Gemüse, Weinessig, Rotwein, Lorbeerblättern, Rosmarin, Wacholderbeeren (vorher leicht quetschen) und Pfefferkörnern eine Marinade herstellen. Die Lammkeule darin drei bis vier Tage einlegen und täglich wenden.

Lammkeulen dann trockentupfen, mit etwas Salz und Pfeffer würzen und ohne Marinade im Bräter von allen Seiten scharf anbraten und beiseitestellen. Das abgeseihte Gemüse der Marinade und das Tomatenmark im Bräter, in dem das Fleisch lag, anrösten, mit Mehl bestäuben, kurz andünsten und mit der Flüssigkeit der Marinade (eventuell leicht verdünnen) auffüllen. Lammkeule in den Bräter dazugeben und im vorgeheizten Backofen zugedeckt bei 180 Grad etwa eine Stunde schmoren lassen. Fleisch aus dem Bräter nehmen und Sauce passieren, abschmecken und eventuell mit etwas Sahne verfeinern. Fleisch portionieren. Als Beilage eignen sich Kartoffelknödel und grüne Bohnen.

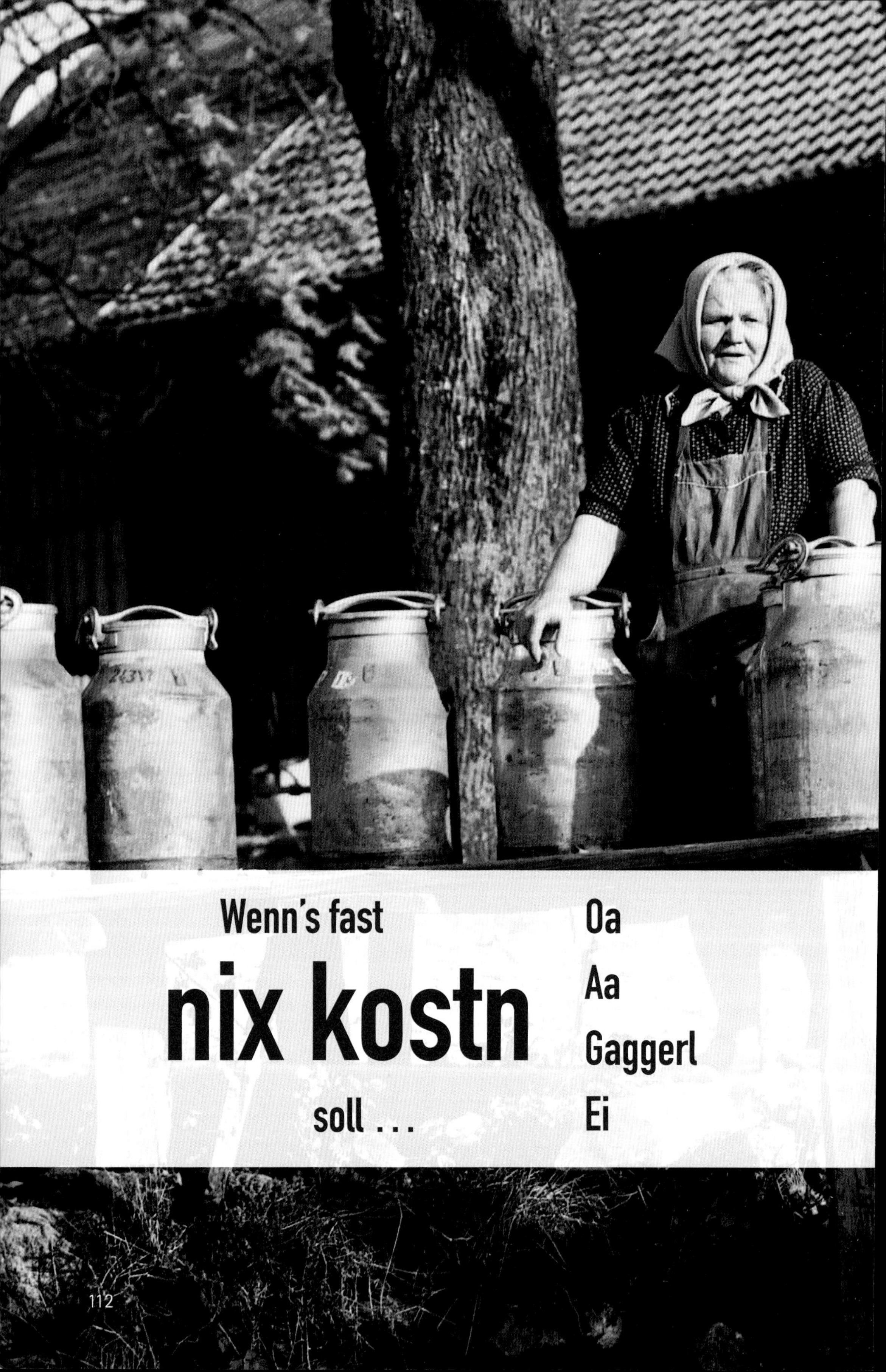

Wenn's fast

nix kostn

soll …

Oa
Aa
Gaggerl
Ei

Dampfnudln

Dampfnudeln

500 g Mehl
20 g Hefe
100 g Butter
100 g Zucker
1 TL Salz
3 Eier
3 EL Rum
knapp 1/4 Liter Milch
1 TL Vanillezucker

Aus Mehl, Hefe, 50 Gramm Butter, 50 Gramm Zucker, Salz, Eiern und Rum Hefeteig herstellen und gut gehen lassen, dann Bällchen formen, mit Geschirrtuch abdecken und nochmals gut gehen lassen. In der Zwischenzeit in einem weiten Topf mit fest schließendem Deckel Milch mit 50 Gramm Butter, 50 Gramm Zucker und Vanillezucker erwärmen. Die Teigbällchen in die warme Milch setzen und auf die heiße Herdplatte stellen, den Topf gut schließen. Nach 20 bis 25 Minuten sollten die Dampfnudeln fertig sein – jetzt den Deckel abnehmen. Man serviert sie mit Vanillesoße.

Tipp: Es empfiehlt sich, beim Erhitzen der Teigbällchen um den Deckel ein Tuch zu binden, damit das Schwitzwasser nicht auf den Teig tropft. Dann gelingen die Dampfnudeln besser.

> **„Brot in Milch zu schneiden, statt zu brocken, ist unerlaubt; man schneidet der Kuh das Euter ab."**
>
> Franz Xaver von Schönwerth

Riwanzala / Liwanzala

Böhmische Schmalzfladen

1/2 Liter Milch
2 Eier
5 EL Mehl
1/2 Päckchen Hefe
1 Prise Salz
1 EL Zucker oder 1 Päckchen Vanillezucker

Die Milch etwas erwärmen und mit den anderen Zutaten zu einem zähflüssigen Teig vermengen und eine halbe Stunde abkühlen lassen. Dann mit dem Esslöffel kleine Portionen in eine heiße Pfanne geben und die Fladen mit Fett auf beiden Seiten goldgelb backen. Die Liwanzen am Schluss mit Zimt und Puderzucker bestreuen und noch warm servieren.

Das Gericht stammt aus Böhmen und war im 19. Jahrhundert auch in der Oberpfalz weit verbreitet. Die typische Liwanzen-Pfanne hat sogar Vertiefungen für den Teig.

Zwetschgnkniadla / Bunkerln

Zwetschgenknödel

15 bis 20 Zwetschgen
1 kg Kartoffeln
2 Eier
150 bis 200 g Mehl
Salz
Würfelzucker
Zimt

Kartoffeln kochen, schälen und durchpressen. Kalte Masse mit Eiern, Mehl und etwas Salz zu Teig verarbeiten. Vorbereitete Zwetschgen entsteinen und jeweils einen kleinen Würfelzucker in Zimt tauchen und die Zwetschgen damit füllen. Die Früchte mit Kartoffelteig umhüllen und in leichtem Salzwasser langsam garen (nicht kochen!).

Tipp: Mit zerlassener Butter schmecken die Zwetschgenkniadla besonders lecker.

Semmlschnidln

Zwetschgenbavesen

4 Semmeln
Zwetschgenmus
½ Liter Milch
2 Eier
Öl
Zimt
Zucker
Apfelkompott

Semmeln in etwa einen halben Zentimeter dicke Scheiben schneiden. Dick mit Zwetschgenmus (Powidl) bestreichen und jeweils zwei Scheiben zusammenlegen. Milch mit Eiern verrühren und die Scheiben kurz eintauchen. Öl in einer Pfanne erhitzen und die Semmelschnidln kurz auf beiden Seiten ausbacken. Abtropfen lassen, in Zimtzucker wenden und mit Apfelkompott servieren.

Powidldascherln

Zwetschgenmustaschen

250 g Mehl
2 Eier
½ TL Salz
1 EL lauwarmes Wasser
Powidl (Zwetschgenmus)
Schmalz
Zucker und Zimt

Das Mehl auf ein Nudelbrett sieben und in der Mitte eine Vertiefung ausformen. Eier mit Salz verrühren und unter das Mehl rühren. Das Wasser dosiert zugeben, bis der Teig glatt ist und sich gut kneten lässt (notfalls noch Mehl einkneten). Dann eine halbe Stunde zugedeckt ruhen lassen. Anschließend den Teig ganz dünn ausrollen und daraus Vierecke mit etwa sieben Zentimetern Länge ausschneiden. Jeweils einen Teelöffel Zwetschgenmus daraufgeben, in den Teig einschlagen und die Ränder festdrücken. Die Teigtaschen in kochendes Salzwasser geben und ziehen lassen. Wenn die Täschchen fertig sind, schwimmen sie oben. Dann herausnehmen, abtropfen lassen und unter kaltem Wasser abschrecken. Abschließend in einer Pfanne in heißes Schmalz geben und wenden. Mit Zucker und Zimt bestreut servieren.

Die Powidln sind ebenso wie die Buchteln (Rohrnudeln) eine Spezialität aus der böhmischen Küche. Die weite Verbreitung in der Oberpfalz zeigt die engen Verbindungen zwischen den beiden Regionen. So war zum Beispiel das böhmische Fürstengeschlecht der Lobkowitzer viele Jahre Besitzer des Nordoberpfälzer Fürstentums Störnstein-Neustadt. Früher wurden die Powidldascherln oft auch in Erdäpfelteig verpackt.

Äpflstrudl

Apfelstrudel

250 g Mehl
100 g Butter
1 Ei
Salz
1/8 Liter Wasser
2 kg Äpfel
150 g Zucker
Zimt
130 g Rosinen
50 g geriebene Mandeln

Mehl, 70 Gramm Butter, Ei und Wasser mit etwas Salz zu einem geschmeidigen Teig vermengen und etwas stehen lassen.

Während dieser Zeit Äpfel schälen, entkernen und in Scheiben schneiden. Die Scheiben dann mit Zucker, Zimt, Rosinen und Mandeln vermengen. Den Teig auf einem Küchentuch, das mit Mehl bestreut wird (damit der Teig nicht anklebt), ganz dünn über die Handballen ausziehen (man sollte das Muster der Unterlage gut sehen können!). Dann die restliche Butter zerlassen und den Teig damit anpinseln. Die Füllung darauf ausbreiten, die Ränder ein wenig einschlagen und dann den Teig mit Hilfe des Küchentuchs aufrollen. Den Strudel auf ein eingefettetes Backblech geben, mit der restlichen Butter bestreichen und backen, bis er leicht braun ist (etwa eine Dreiviertelstunde bei 200 Grad). Je zwei Strudel können auch in einer leicht ausgebutterten Pfanne in das Rohr geschoben und kurz vor Backende mit heißer Milch oder Sahne übergossen werden. Dann sind sie besonders saftig.

Tipp: Wenn man aus 250 bis 500 Gramm Quark, einem bis zwei Esslöffel Zucker sowie einem Ei eine Quarkmasse herstellt und diese vor der Apfelfüllung auf dem Teig ausbreitet, erhält man einen leckeren Apfel-Quark-Strudel.

Äpflköichla

Apfelküchel

4 große Äpfel
250 g Mehl
1/4 Liter Bier
1 TL Salz
3 Eier
2 EL Öl
Fett
Zucker
Zimt

Äpfel schälen und in fingerdicke Scheiben schneiden. Das Kernhaus vorsichtig aus den Scheiben schneiden (oder vor dem Schneiden mit einem Apfelausstecher entfernen).
Aus Mehl, Bier, Salz, Eiern und Öl Bierbackteig herstellen. Dann die Scheiben in den Teig tauchen und in heißem Fett bei mittlerer Hitze auf beiden Seiten in etwa fünf Minuten goldbraun backen. Am Schluss mit Zucker und Zimt bestreuen.

„Von de Arma
mousst as Kochn lerna
und von de Reichn
as Spoan.“

Weisheit aus der Oberpfalz

Schmankerl:

Holunder

Der Holunder gehört zu den schmucken Oberpfälzer Dörfern wie der Hausbaum zu einem stolzen Anwesen. Die Heilkraft von Blüten, Blättern, Früchten und der Rinde, die leckeren Rezepte, die mit dem Holler gekocht werden können, und die insektenabweisende Wirkung haben die Oberpfälzer schon seit Menschengedenken geschätzt, ja regelrecht fasziniert. Der Neustädter Kreisverband für Gartenbau und Landespflege hat diese Charakterpflanze der Oberpfalz gar geadelt und eine Oberpfälzer Holunderkönigin ausgerufen. Vor allem im Mai und Juni, wenn die Hollastaudn in voller Blüte stehen, hat die Königin angesichts der vielen Hollerköichlfeste einen prall gefüllten Terminkalender. Bei der Inthronisation der Produktkönigin kommt natürlich ein Schuss Holunderlikör in die Sektkelche. Ach ja, antreten kann das Amt natürlich nur eine waschechte Oberpfälzerin, die Hollerköichln backen und Gracherlwasser ansetzen kann.

Hollersirup / Gracherlwasser

Holundersirup

25–30 Hollerblütendolden

100 g Zitronensäurepulver (gibt es günstig in der Apotheke)

2 Liter abgekochtes Wasser

4 kg Zucker

5 Zitronen

Die Zitronen waschen, in dünne Scheiben schneiden und zusammen mit Blütendolden, Zitronensäurepulver und Zucker in eine saubere Schüssel geben, mit dem abgekochten, kalten Wasser übergießen und mit einem sauberen Tuch abdecken.

Täglich einmal umrühren. Nach zehn bis vierzehn Tagen, wenn der Zucker restlos gelöst ist (er zieht den Blütenstaub aus der Blüte), wird die Flüssigkeit durch ein Sieb gegossen und in saubere Flaschen gefüllt. Der Sirup hält sich mindestens zwei Jahre, ist aber meistens schon viel früher aufgebraucht.

Tipp: Aus der Masse im Sieb lässt sich ganz nebenbei ein köstliches Apfel-Holunderblüten-Gelee herstellen. Dazu einen Liter Apfelsaft darübergießen, die Flüssigkeit erneut durch das Sieb geben und dann als Gelee einkochen.

Hollerköichln

Holunderküchel

250 g Mehl

1/4 Liter Bier

1 TL Salz

3 Eier

2 EL Öl

12–16 große Hollerblüten

Puderzucker

Aus Mehl, Bier, Salz, Eiern und Öl Teig herstellen (siehe unter Bierbackteig). Die Hollerstängel etwa zehn Zentimeter hinter der Blüte abschneiden und auf einem Geschirrtuch leicht abtupfen. Nicht waschen, da dadurch das Aroma der Blütendolden verloren geht. Die Blüten dann am Stängel fassen, in den Teig tauchen und etwas drehen, damit sich der Teig gut verteilt.

Anschließend in heißem Fett in der Pfanne goldbraun ausbacken, etwas abtropfen lassen, mit Puderzucker bestäuben und heiß servieren.

Pfannakouchn

Pfannkuchen

250 g Mehl
2 Eier
Salz
⅛ bis ¼ Liter Milch
Butterschmalz

Mehl, Eier, Salz und Milch gut verrühren, Teig etwas quellen lassen. Will man ganz dünne Pfannkuchen, wird der Teig mit etwas Milch flüssiger gemacht. In beschichteter Pfanne mit etwas Butterschmalz den Teig ins heiße Fett geben, ausbacken und wenden.

Als Süßspeise die Pfannkuchen nach Belieben füllen und aufrollen. Süß angerührter Quark und Marmelade eignen sich ebenso wie Früchte der Saison (Erdbeeren, Himbeeren, Schwarzbeeren, klein geschnittene Äpfel). Auch mit Rosinen und Zimtzucker schmeckt Pfannkuchen lecker. Bei etwas dickerem Pfannkuchenteig kann man die Früchte direkt auf den eben in die Pfanne eingegossenen Teig streuen und dann wenden.

Tipp: Übrig gebliebene Pfannkuchen sind dünn in Streifen geschnitten eine leckere Suppeneinlage (siehe unter Suppen)!

Überbachane Pfannakouchn

Überbackene Pfannkuchen als Süßspeise

Pfannkuchen beliebig füllen und aufgerollt in eine Rein geben. Die Pfannkuchen dann ins 180 Grad heiße Rohr schieben und etwa 20 Minuten überbacken und am Schluss mit etwa einem Viertelliter heißer Milch übergießen.

Böiabachdoag

Bierbackteig

3 Eier
250 g Mehl
1/4 Liter Bier
1 TL Salz
2 EL Öl

Für den Bierbackteig die Eier trennen, aus dem Eiweiß Eischnee schlagen und das Eigelb mit Mehl, Bier, Salz und Öl zu einem Teig verrühren und zehn Minuten quellen lassen. Dann den Eischnee unterziehen.

Tipp: Der Bierbackteig kann nicht nur für Mehlspeisen verwendet werden, sondern eignet sich auch prima als Panade für Schnitzel und Filetstücke.

Mehlbauchstechala / Drahdewixpfeifala

Mehlfingernudeln

500 g Mehl
1 Ei
250 ml Wasser
Öl
Salz

Aus den Zutaten einen geschmeigen Teig herstellen, auf einer bemehlten Unterlage Teigschlangen rollen und in etwa drei Zentimeter lange Stücke unterteilen. Die Bauchstechala in kochendes Salzwasser geben und fünf bis zehn Minuten ziehen lassen (je nach Dicke). Dann abtropfen lassen und in einer Pfanne leicht anbraten, bis sie goldbraun sind.

Wer Drahdewixpfeiferln machen will, dreht die Schnüre besonders dünn. Der Name leitet sich übrigens von der Herstellungsweise ab. Die Pfeiferln werden zuerst durch Drehen in Form gebracht und dann „abgewixt", also stückchenweise abgedreht.

Tipp: Die Pfeiferln eignen sich nicht nur gut als Beilage zu den verschiedensten Fleischgerichten. Sie können als süße Variante mit Apfelkompott oder als deftiges Gericht mit Sauerkraut, angerösteten Speckln sowie Rührei auch als eigenständige Speise serviert werden.

Wassaratzn / Wassaköichla

Wasserratten / Wasserküchel

250 g Mehl
2 Eier
1 TL Salz
1/8 bis 1/4 Liter Milch
8 altbackene Semmeln
Bratfett und 150 g Geselchtes (Schwarzgeräuchertes)

Mehl, Eier, Salz und Milch zu einem Pfannkuchenteig gut verrühren, Teig etwas quellen lassen. Altbackene Semmeln jeweils in vier Scheiben schneiden, in den Pfannkuchenteig tauchen und dann in Salzwasser fünf Minuten lang kochen lassen. Dann die Köichla aus dem Wasser nehmen, in eine gefettete Pfanne legen und bei etwa 220 Grad 20 Minuten lang in den Ofen schieben. Am Schluss das gewürfelte oder in dünne Scheiben geschnittene Geselchte darüber verteilen und noch etwas im Ofen lassen.

Tipp: Besonders gut dazu schmeckt Kraut.

Bachane Heiloitern

Scheiterhaufen

4 altbackene Semmeln
2 Eier
1/4 Liter Milch
50 g Puderzucker
Salz
500 g Äpfel
100 g Rosinen
1 TL Zimt
5 EL Zucker
50 g Butter

Die Semmeln in Scheiben schneiden. Eier mit Milch, Puderzucker und Salz verquirlen und die Semmelscheiben darin einweichen. Äpfel schälen und in dünne Scheiben schneiden. Eine Auflaufform buttern und mit den Semmelscheiben bedecken. Dann wird eine Schicht Apfelscheiben daraufgeschichtet und das Ganze mit Rosinen, Zimt und Zucker bestreut. Dann kommt wieder eine Schicht Semmelscheiben, darauf die nächste Lage Äpfel und Rosinen, Zimt und Zucker. Wichtig ist es, dass die letzte Schicht aus Semmeln besteht. Am Schluss die „Leiter" mit Butterflocken garnieren und etwa eine Dreiviertelstunde bei 180 Grad im Backofen backen, bis der Haufen angebräunt ist.

Nudlwalker / Nudlwoicha

Nudelholz

Hoiwa / Holber

Schwarzbeeren / Heidelbeeren

Kandl

Kanne

Riewerl

kleiner Abrieb aus Mehlteig für die Suppe

Schoanbladln

Brotpfanne

4 Schornblätter (runde Brotfladen aus Weizenmehl)
Milch
Butterschmalz
Salz
3 Eier
Sahne
Zucker

Die Fladenbrote werden in kleine Stücke zerbrochen. Mit etwas Milch oder Wasser übergießen und weich werden lassen. In eine Pfanne Butterschmalz geben und die abgetropften Schoanbladln hineingeben. Etwas salzen. Eier mit etwas Sahne verrühren und darübergeben. Eventuell zuckern.

Dazu gibt's Apfelmus oder einen Blattsalat.

Tipp: Gibt man zu den Schornbladln in die Pfanne klein geschnittene, gekochte Kartoffeln, so erhält man das Gericht Fuchsnfouda. Wer statt der Fladenbrote Semmeln nimmt, hat einen Semmelschmarrn.

Die Schoanbladln sind ein altes Oberpfälzer Gericht, das im Bayerischen Wald weit verbreitet war. Der Begriff Schoan kommt von Scharren und Bladl bedeutet Blatt. Der Name erinnert auch daran, dass solche Brotstücke früher Löffel und Gabeln ersetzten und damit am Schluss die Essensreste zusammengekratzt wurden.

Holberbladln

Heidelbeerfladen

1/4 Liter Milch
500 g Schwarzbeeren oder Preiselbeeren
250 g Mehl
Salz
Butter

Mit einer Abwandlung der Schornbladln aus dem Bayerwald lassen sich auch prima Früchte als leckere Mahlzeit auf den Tisch bringen.

Milch erhitzen. Gewaschene Beeren, Mehl und eine Prise Salz hinzugeben und gut vermengen. Mit einem Löffel rund einen Zentimeter dicke Küchlein („Bladln") formen und in heißer Butter in der Pfanne ausbacken. Die „Bladln" mit Puderzucker bestreuen.

Das Gericht lässt sich auch prima mit anderen Früchten, wie Kirschen (Kerschbladln) und Äpfeln (Äpfelbladln), zubereiten.

Raml
knuspriger Rand

Weibirl
Rosinen

Gröicherl
Kriecherl, kleine blaue Pflaume

Rowinserl
Feldsalat

Söißa Quarkaflaaf

Süßer Quarkauflauf mit Äpfeln, Zwetschgen oder Birnen

1 kg Äpfel, Zwetschgen oder Birnen
1 Zitrone
100 g Sultaninen
200 g Zucker
4 Eier
100 g Butter
750 g Quark
70 g Grieß

Die Äpfel, Zwetschgen oder Birnen schälen, schneiden und entkernt beziehungsweise entsteint mit dem Saft der Zitrone, Sultaninen und 100 Gramm Zucker in eine ungefettete Auflaufform geben. Eiweiß und Eigelb trennen. Aus Butter, dem restlichen Zucker, Eigelb, Quark, Grieß und der geriebenen Zitronenschale einen Schaum schlagen. Zum Schluss aus dem Eiweiß steifen Eischnee schlagen und unter den Schaum unterziehen. Dann die Masse über die Früchte geben. Im vorgeheizten Ofen bei 180 Grad ca. 45 Minuten backen.

Tipp: Dieser Auflauf schmeckt auch kalt sehr gut – wie ein verkehrter Obstkuchen.

Deiflsquark

Teufelsquark

250 g Quark, Frischkäse oder Mascarpone
etwas Milch oder Sahne
½ TL Salz
1 TL Zucker
Pfeffer
Paprika
Ketchup und Weinbrand

Aus Quark, Frischkäse oder Mascarpone, Milch oder Sahne sowie Salz und Zucker Grundmasse herstellen. Dann mit Pfeffer, Paprika, Ketchup und Weinbrand verfeinern. Mit knusprigem Schwarzbrot oder Kartoffeln servieren.

Tipp: Teufelsquark, Apfel-Zwiebel-Quark, Eierquark, Knoblauchquark und Kräuterquark eignen sich auch hervorragend als Dip oder Grillbeilage.

Äpfl-Zwiewl-Quark

Apfel-Zwiebel-Quark

250 g Quark,
Frischkäse oder Mascarpone

etwas Milch oder Sahne

½ TL Salz

1 TL Zucker

1 Apfel

1 Zwiebel

etwas Cayennepfeffer

Aus Quark, Frischkäse oder Mascarpone, Milch oder Sahne sowie Salz und Zucker Grundmasse herstellen. Apfel und Zwiebel zerreiben, unter den Quark geben und mit etwas Cayenne-Pfeffer würzen. Mit knusprigem Schwarzbrot oder Kartoffeln servieren.

Oiaquark

Eierquark

250 g Quark,
Frischkäse oder Mascarpone

etwas Milch oder Sahne

½ TL Salz

1 TL Zucker

2 Eier

Essiggurken

Pfeffer

Aus Quark, Frischkäse oder Mascarpone, Milch oder Sahne sowie Salz und Zucker Grundmasse herstellen. Eier hart kochen und klein hacken. Essiggurken klein hacken und mit den Eiern unter den Quark mischen. Mit Salz und Pfeffer abschmecken und mit knusprigem Schwarzbrot oder Kartoffeln servieren.

Knoflquark

Knoblauchquark

250 g Quark,
Frischkäse oder Mascarpone

etwas Milch oder Sahne

½ TL Salz

1 TL Zucker

½ grüne Gurke

2 Knoblauchzehen

Aus Quark, Frischkäse oder Mascarpone, Milch oder Sahne sowie Salz und Zucker Grundmasse herstellen. Gurke und Knoblauch hobeln und unter die Grundmasse geben. Mit knusprigem Schwarzbrot oder Kartoffeln servieren.

Kreiterquark

Kräuterquark

250 g Quark,
Frischkäse oder Mascarpone

etwas Milch oder Sahne

½ TL Salz

1 TL Zucker

Kräuter der Saison
(Schnittlauch, Petersilie,
Basilikum etc.)

Aus Quark, Frischkäse oder Mascarpone, Milch oder Sahne sowie Salz und Zucker Grundmasse herstellen und mit Kräutern der Saison nach Belieben vermengen. Mit knusprigem Schwarzbrot oder Kartoffeln servieren.

Schwammerbröih

Pilzbrühe

500 bis 1000 g Pilze
30 g Butter
40 g Mehl
1 Zwiebel
¼ Liter Wasser
Salz
1 Prise Pfeffer
½ TL Kümmel
¼ TL Essig
2–3 EL Sahne
1 EL Petersilie

Gemischte Waldpilze (Rotkappen, Birkenpilze, Steinpilze usw.) putzen und in Scheiben schneiden. Dann stellt man eine mittlere Einbrenne aus Butter, Mehl und der klein geschnittenen Zwiebel her, löscht sie mit etwas Wasser ab und gibt die vorbereiteten Pilze dazu. Das Gericht mit Salz, Pfeffer, Kümmel und einem Hauch Essig abschmecken sowie mit etwas Sahne und gehackter Petersilie verfeinern. Dazu kommen Semmelknödel oder Dotsch auf den Tisch.

Tipp: Diese Bröih macht man, wenn es wenig Schwammerl, aber viele Esser gibt.

Oiaschwammer-Pfandln

Pfifferlinge aus der Pfanne

500–700 g Pfifferlinge
40 g Butter
1 kleine Zwiebel
4 Eier
1 TL Salz
½ TL Pfeffer

Pilze putzen und schneiden. In eine Pfanne gibt man Butter und dünstet die klein geschnittene Zwiebel an, Pilze zugeben und goldgelb anrösten. Die Eier aufschlagen und mit Salz und Pfeffer in einer Tasse verrühren. Aufgeschlagene Eimasse über die Pilze gießen und stocken lassen. Dazu gibt's Kartoffelbrei und grünen Salat.

Rahmschwammer (eine feine Variante)

Pilze in Rahmsoße

500 bis 1000 g Pilze
Butter
1 kleine Zwiebel
Sauerrahm
Salz
Pfeffer
Zucker

Zwiebel klein schneiden und in einer Pfanne in Butter andünsten. Die gesäuberten und in Scheiben geschnittenen Pilze hinzugeben, mitdünsten, mit Sauerrahm aufgießen und die weich gekochten Pilze mit Salz und etwas Pfeffer würzen und mit einer Prise Zucker abschmecken.

Gwusst wöi:

Schwammer af Vorrat

Pilzvorrat für den Winter

Pilze lassen sich nicht nur einfrieren, sondern auch prima trocknen und so für den Winter konservieren. Am besten nimmt man dazu nur die Hüte. Die Hüte dazu sauber reinigen und in dünne Scheiben schneiden. Dann die Pilze auf einer sauberen Unterlage ausbreiten und in der Sonne trocknen lassen. Mehrfach wenden. Wenn die Sonne zum Trocknen nicht ausreicht, können die Pilze auch auf einem rostfreien Gitter bei etwa 50 Grad in der Backröhre getrocknet werden. Am Schluss die Pilze abkühlen lassen und in kleinen Gefäßen luftdicht aufbewahren.

Tipp:

Eingemachte Früchte

Zu Mehlspeisen, wie Dampfnudeln, Rohrnudeln, Pfannkuchen oder Grießbrei, schmecken am besten selbst gemachte Kompotte. Viele Früchte lassen sich prima einkochen. Wichtig ist es, die Gläser sofort nach dem Befüllen auf den Kopf zu stellen, damit die Früchte lange halten.

Hier einige Beispiele:

Rhabarbakompott

Rhabarberkompott

Die geputzten, gewaschenen, klein geschnittenen Rhabarberstangen werden mit wenig Wasser im Topf weichgekocht und mit etwas Zucker bis zum Rand kochend heiß in saubere Schraubdeckelgläser gefüllt. Wichtig ist es, die Gläser sofort zu verschließen und auf den Kopf zu stellen.

Holberkompott / Schwoazbeerkompott

Heidelbeerkompott

Schwarzbeeren putzen, waschen und mit etwas Rotwein und Zucker im Topf einmal aufkochen. Sofort in Schraubdeckelgläser füllen.

Äpflbrei

Apfelkompott

Die ersten Sommeräpfel (Klar- oder Kornäpfel) waschen, putzen, schälen und vierteln. In wenig Wasser und Zucker nach Geschmack weichkochen. Heiß in Schraubdeckelgläser füllen.

Hirscht- und Winterzäggn

Eingekochte Preiselbeeren

Die verlesenen und gewaschenen Preiselbeeren werden mit der gleichen Zuckermenge vermischt, dann aufgekocht und in Gläser gefüllt. Preiselbeeren halten sich auch in größeren Gefäßen nur zugebunden.

Wos Söiss

Khannesbirln
Hoiwa
Hirschtzäggn
Rouber
Bramber

Woldbächa

Waldfrüchtebecher

3 Eier

150 g Zucker

500 g Magerquark

Waldfrüchte oder
Gartenbeeren (gefroren)

Preiselbeeren

Eiweiß und Eigelb trennen. Eidotter mit Zucker schaumig schlagen, Quark unterrühren und mitschlagen. Aus Eiweiß steifen Eischnee schlagen und unterziehen. Gefrorene Früchte in Gläser oder Schalen füllen, die Topfenmasse darübergeben und mit Preiselbeeren garnieren.

Äpfljoghurt

Apfel-Joghurt mit Orange

2 Becher Joghurt

1 Becher Sahne

3 EL Zucker

1 Orange

2 Äpfel

Nusskrokant

Joghurt mit Sahne und Zucker gut verrühren, Orange schälen und klein schneiden. Dabei einige Scheiben Orange für die Verzierung ganz lassen. Äpfel grob raspeln. Die Äpfel und die Orangenstückchen mit dem Joghurt in Schalen füllen und am Schluss mit Nusskrokant und den restlichen Orangenscheiben verzieren.

Geistabirn

Geisterbirnen auf Zitronentopfen

500 g Sahnetopfen

4 EL Zucker

1 Zitrone

8 eingemachte Birnenhälften

8 TL Birnengeist oder Obstler

8 TL Preiselbeeren

Topfen mit Zucker, Saft und Schale der Zitrone schaumig schlagen, in Schalen aufteilen. Birnen mit Geist und Preiselbeeren auf der Masse anrichten.

Dinste Rumäpfl

Gedünstete Rumäpfel

3 Äpfel

1 Zitrone

Butter

3 EL Rumrosinen

2 EL Zucker

Eis

Äpfel in feine Schnitten schneiden, mit Zitronensaft beträufeln, in wenig Butter ca. drei Minuten dünsten, Rumrosinen, Zucker und etwas Zitronenschale zugeben. In Schälchen füllen und heiß mit Eis servieren.

Buchteln / Wuchteln

Rohrnudeln

500 g Mehl
Salz
50 g Zucker
20 g Hefe
170 g Butter
3 Eier
250 ml Milch
Marmelade
Puderzucker

Mehl mit Salz, Zucker und Hefe vermengen. 100 Gramm Butter zergehen lassen und untermengen. Eigelb mit Milch verquirlen, dazugeben und daraus einen mittelfesten Teig schlagen. Den Hefeteig dann zugedeckt in den warmen Herd stellen, bis er schön aufgegangen ist.

Dann auf einer bemehlten Unterlage etwa fünf Zentimeter dicke Rollen formen und davon Stücke von etwa 50 Gramm abschneiden, flach drücken, mit Marmelade füllen und wieder zusammendrehen und in eine mit zerlassener Butter bestrichene Auflaufform setzen (bitte aufpassen, dass die „Naht" unten ist). Im vorgeheizten Backrohr bei etwa 220 Grad 30 bis 45 Minuten lang backen. Am Schluss mit Puderzucker bestreuen und servieren.

Tipp: Wenn man die Buchteln vor dem Ausbacken mit zerlassener Butter bestreicht, lassen sie sich nach dem Backen schöner zerteilen. Besonders original sind sie, wenn man als Füllung Zwetschgenmarmelade nimmt. Buchteln sind nämlich wie viele andere Spezialitäten der Oberpfalz aus der böhmischen Küche übernommen worden und wurden dort vor allem mit Powidln (Zwetschgenmus) gefüllt.

Schmankerl:

Neistädter Kirwadotsch

In der kleinen Kreisstadt Neustadt a. d. Waldnaab heißt der Kirwakouchn auch Kirwadotsch. Das führt oft zu Verwechslungen, da viele Leute sich unter diesem Begriff eigentlich einen Reiberdatschi aus Kartoffeln vorstellen. Nach dem süßen Gebäck ist auch die Martinikirchweih des Ortes benannt, welche die Kreisstädter alljährlich im November feiern. Aufgrund ihrer Vorliebe für Dotsch werden die Nordoberpfälzer bisweilen auch als „Dotscherer" verspottet, die dies allerdings mit Humor nehmen und Kartoffeldotsch sogar zum „Nationalgericht" des Bürgerfestes erklärt haben.

Kirwakouchn mit Gröißschmia

Kirchweihkuchen mit Grießschmiere

Teig:
500 g Mehl
20 g Hefe
50 g Butter
50 g Zucker
¼ Liter Milch
Salz
3 Eier
3 EL Rum

Schmiere:
1 Liter Milch
½ TL Salz
120 g Grieß
100 g Zucker
2–3 Eier
50 g Butter
½ TL Safran
etwas Zitronenschale
Weinbeeren (eventuell mit Rum marinieren)

Mehl, Hefe, Butter, 50 Gramm Zucker, ¼ Liter Milch, einen Teelöffel Salz, drei Eier und Rum zu einem mittelfesten Hefeteig verkneten. Daraus große, runde Kuchenfladen formen, die später mit der Schmiere bestrichen werden. Für die gelbe Schmiere einen Liter Milch mit einem halben Teelöffel Salz zum Kochen bringen, mit Grieß aufkochen und nach ca. vier Minuten von der Kochstelle nehmen, 100 Gramm Zucker, zwei bis drei Eidotter, 50 g Butter, Safran und abgeriebene Zitronenschale einrühren. Aus Eiweiß Eischnee schlagen und unterziehen. Diese Schmiere kommt auf die runden Teigfladen. Mit gewaschenen Weinbeeren garnieren. Kurz gehen lassen und dann bei mittlerer Hitze 20 bis 30 Minuten goldgelb backen.

Tipp: Alternativ kann man den Kirwakouchn auch mit Mohn-, Nuss-, Apfel-, Quark-, Butter- oder Zwetschgenschmiere herstellen. Für die Zwetschgenschmiere werden gedörrte Zwetschgen zuerst aufgeweicht und dann durch den Fleischwolf gedreht. Anschließend gibt man Lebkuchenbrösel bei, damit sich die Masse gut streichen lässt. Die Schmiere mit Zucker, Zimt, gemahlenen Nelken und Rum abschmecken und dann auf dem Kuchen verstreichen. Wenn man mehrere Schmieren auf einem Kuchen verteilt, bekommt man einen Kleckslkuchen.

Schmankerl:

Chamer Kampl

Eine der ungewöhnlichsten Spezialitäten der Oberpfalz sind zweifellos die Chamer Kampln: Lebkuchen, die einem Kamm ähneln. Das Gebäck hat eine viele Jahrhunderte alte Geschichte. Seit 1285 hat Cham ein Stadtwappen, in dem ein Kamm abgebildet ist. Die Bürger waren so stolz auf dieses Wappen, dass sie es mit Honigkuchen nachgebacken haben. Die Chamer verpacken in dieser Leckerei ihre Neujahrswünsche. Sie beschenken damit Eltern, Paten oder die Auserwählte. Die größten Kampln wurden wohl im Mittelalter gebacken. Der Magistrat ließ alljährlich zum neuen Jahr einen Riesenlebkuchen anfertigen und schickte damit süße Grüße nach Nürnberg, mit dem Cham seit 1319 in gegenseitiger Zollfreiheit stand. Vier Pferde sollen den Wagen für den Lebkuchen gezogen haben. Der Brauch war lange Zeit in Vergessenheit geraten. 1972 erinnerte sich Bürgermeister Michael Zimmermann des süßen Wappengrußes, ließ tausend Lebkuchen in Kammform backen und an Passanten verteilen.

Schnobl
Mund

Khannesbirln
Johannisbeeren

Naschgoschn
Naschkätzchen, Leckermäulchen

Kampl
Kamm

Haferl
große Tasse

Bramber
Brombeeren

Rou(d)ber / Roudbia
Erdbeeren

Chamer Kampl

Lagerteig:
250 ml Wasser
750 g Zucker
1250 g Honig
1500 g Weizenmehl
600 g Roggenmehl

Gewürzteig:
5–6 Eier
80 g Nelken
80 g Zimt
40 g Lebkuchengewürz
80 g Ammonium (Hirschhornsalz)
350 ml Wasser
60 g Pottasche (Ammonium und Pottasche gibt es im Reformhaus, in der Apotheke oder beim guten Bäcker)
Puderzuckerglasur

Das Besondere an dem Teig ist, dass er eigentlich aus zwei Teigen besteht, einem Lager- und einem Gewürzteig. Diese Teige werden vor dem Backen zu einem Teig vermischt.

Für den Lagerteig Wasser mit Zucker aufkochen, Honig darin auflösen und auf 40 Grad abkühlen lassen. Mit Weizenmehl und Roggenmehl Teig kneten und in verschließbare Behälter geben. Ca. ein bis zwei Monate kühl lagern. Für den Gewürzteig Eier, Nelken, Zimt und Lebkuchengewürz schaumig rühren. Ammonium (Hirschhornsalz) in 200 Gramm Wasser und Pottasche in 150 Gramm Wasser auflösen und getrennt beigeben. Die beiden Teige vermischen und gut durchkühlen lassen. Dann auf ca. fünf bis acht Millimeter Dicke ausrollen und Lebkuchen in Kammform ausschneiden. Bei ca. 170 Grad 10 bis 15 Minuten backen. Die Lebkuchen sind fertig, wenn man sie vom Backpapier abheben kann. Nach dem Erkalten mit Puderzuckerglasur glasieren.

Tipp: Durch die lange Lagerung des Grundteiges bilden sich ein typischer Geschmack und Säuren, die die Triebmittel bei ihrer Wirkung unterstützen. Je länger daher die Lagerzeit, um so besser werden das Aroma und die Backeigenschaft.

„Bitsche, batsche Köicherl,
hom koa Möhl im Döicherl,
hom koa Schmolz im Kiewerl,
mach ma ladder Riewerl.“

Kinderklatschvers

Aaszogne / Köichln

Küchel

- 500 g Mehl
- 20 g Hefe
- 50 g Butter
- 50 g Zucker
- 1 TL Salz
- 3 Eier
- 3 EL Rum
- knapp 1/4 Liter Milch
- Butterschmalz
- Puderzucker

Mehl, Hefe, Butter, Zucker, Salz, Eier, Rum und Milch zu feinem Hefeteig kneten. Mit Küchentuch zudecken und den Teig schön gehen lassen.

Dann Bällchen formen oder mit Glas runde Plätzchen ausstechen. Auf bemehlte Unterlage legen. Mit Tuch und Folie abdecken. Sind die Bällchen gut gegangen, Teig ausziehen (innen ganz dünn und außen ein schönes „Randl“) und ins heiße Fett (180 Grad) legen. Reines Butterschmalz ist hier am besten. Mit Backfett übergießen und vorsichtig wenden. Goldgelb ausbacken. Mit Puderzucker bestäuben und servieren.

Gwusst wöi:

Schmalzgebäck

Teige zum Ausbacken im schwimmenden Fett sollen leicht sein, das heißt, sie sollten wenig Fett und Zucker enthalten. Ungemein wichtig ist es, nur frisches, wasserfreies Ausbackfett zu verwenden. Mischungen sind durchaus möglich. Zum Beispiel kann man Butterschmalz und ungehärtete Pflanzenfette verwenden. Das Fett darf sich niemals überhitzen, wenn die Küchel gelingen sollen.

Außerdem muss man das Backfett nach dem Backen reinigen. Am besten gießt man es durch ein Küchentuch. Zudem darf man nie frisches Fett zum gebrauchten geben. Wer Brandteig für Schmalzgebäck herstellt, kann aus den Resten auch gut Backerbsen für die Suppen herstellen, da dies der gleiche Teig ist (Rezept siehe unter Suppen).

Nonnenfürzl

Nonnenfürzchen

- 1/4 Liter Wasser
- 1 TL Salz
- 50 g Butter
- 30 g Zucker
- 150 g Mehl
- 3–4 Eier

Aus den Zutaten einen Brandteig herstellen. Wasser, Salz, Butter und 30 Gramm Zucker zum Kochen bringen. In die kochende Flüssigkeit Mehl auf einmal zugeben, fest rühren bis ein dicker Kloß entstanden ist. Topf vom Herd nehmen und drei bis vier Eier unterrühren. Der Teig soll dick vom Löffel tropfen. Mit einem Teelöffel den Brandteig in kleinen Kugeln ins etwa 180 Grad heiße Fett geben und rund drei Minuten lang ausbacken, bis sie goldbraun sind. Das Gebäck herausnehmen und abtropfen lassen. Vor dem Servieren noch heiß mit Zucker bestreuen.

Nonnenfürzchen oder ähnliche Gebäcke gibt es in vielen Ländern. Die Entstehungsgeschichte wird überall etwas anders erzählt. Als sicher gilt, dass eines Tages Klosterfrauen mit Teigbällchen auf dem Löffel an einem Topf mit siedendem Fett arbeiteten. Plötzlich hörten die Nonnen deutlich ein dumpfes Geräusch, das offensichtlich einer Schwester entwich. Erschrocken über diesen Fauxpas, fiel einer Ordensfrau ein Teigbällchen vom Löffel in das heiße Fett. Das Bällchen blähte sich wunderschön auf und schmeckte zudem auch noch sehr gut.

Straubn

Spritzkuchen

1/4 Liter Wasser
1 TL Salz
50 g Butter
30 g Zucker
150 g Mehl
3–4 Eier
Puderzucker

Aus Wasser, Salz, Butter, Zucker, Mehl und Eiern den gleichen Brandteig wie bei den Nonnenfürzln herstellen. Dann mit Teig auf gefettetes Papier Ringe spritzen und in etwa 180 Grad heißem Fett wenden und goldgelb ausbacken. Mit Puderzucker überstreut servieren.

Windbeidl

Windbeutel

1/4 Liter Wasser
1 TL Salz
50 g Butter
30 g Zucker
150 g Mehl
3–4 Eier
100 g Sahne
2 TL Vanillezucker

Aus Wasser, Salz, Butter, Zucker, Mehl und Eiern den gleichen Brandteig wie bei den Nonnenfürzln herstellen. Dann Teig mit einem Spritzbeutel als kleine Schnecken auf ein mit Backpapier ausgelegtes Backblech spritzen oder mit zwei Esslöffeln auf Backpapier als Kugeln aufsetzen. Im vorgeheizten Ofen auf mittlerer Schiene bei 220 Grad etwa 15 bis 20 Minuten goldgelb backen. Etwas Wasser auf das Backblech spritzen und die Tür nicht mehr öffnen. Noch warm aufschneiden und erkalten lassen. Dann Sahne schlagen, Vanillezucker unterrühren und damit die Windbeutel füllen.

Tipp: Besonders lecker schmecken Windbeutel, wenn man unter die Sahne auch noch Früchte, zum Beispiel frische Erdbeeren, mischt.

Rhabarberkouchn

Rhabarber-Baiser-Kuchen

Rezept für Springform mit 26 cm Durchmesser:

600 g Rhabarberstangen

3 Eier

250 g Mehl

225 g Zucker

125 g Butter

Vanilleschote

Eiweiß und Eigelb trennen. Für Mürbteig Mehl mit 75 Gramm Zucker vermischen. Kalte Butter in Stückchen einarbeiten und mit dem Eigelb zu einem festen Teig verarbeiten. Mark der Vanilleschote auskratzen und zugeben. 30 Minuten im Kühlschrank ruhen lassen. Eiweiß einstweilen kaltstellen.

Für den Belag Rhabarberstangen putzen, waschen und in Zentimeter große Stücke schneiden. Teig in ungefettete Springform drücken, Rand ca. zwei Zentimeter hochziehen und den Rhabarber darauf verteilen. Kuchen im vorgeheizten Rohr bei 180 Grad ca. 30 Minuten backen. Das kalte Eiweiß zu steifem Schnee schlagen und 150 Gramm Zucker zugeben. Die steife Eiweißmasse wird auf den noch heißen Kuchen aufgestrichen, zu den Rändern hin abgeflacht. Mit der Gabel Muster auf den Kuchen aufkratzen. Dann die Form noch einmal zehn Minuten bei Oberhitze in den Backofen, bis die Haube einen goldenen Schimmer hat.

„Schwoazbeer san roud, wenn's nu gröi san."

„Die Schwarzbeeren sind rot, wenn sie noch unreif sind."

Schwoazbeerdatschi

Heidelbeerkuchen

1 kg Schwarzbeeren (es können auch etwas mehr sein)

500 g Mehl

20 g Hefe

50 g Butter

50 g Zucker

1 TL Salz

3 Eier

knapp 1/4 Liter Milch

Aus Mehl, Hefe, Butter, Zucker, Salz, Eiern und Milch Hefeteig herstellen und gut gehen lassen. Auf einem gefetteten Backblech oder auf Backpapier ausrollen, Rand hochziehen, mit reichlich Schwarzbeeren bestreuen und ca. 30 Minuten im vorgeheizten Rohr bei 180 Grad backen. Nach dem Backen auf die Beeren Zucker aufstreuen.

Brotzeiten

Ziedara
Radi
Gselchts
Obatzda

Blaue Zipfl

Saure Bratwürste

8 Paar feine oder grobe Bratwürste

Für den Essigsud:

3/4 Liter Wasser

1/4 Liter Weinessig

1 EL Salz

5 EL Zucker

1 EL Allerlei-Gewürz

4–5 Zwiebeln

1 Gelbe Rübe

Aus Wasser, Weinessig, Salz und Zucker Sud herstellen. Allerlei-Gewürz in Tee-Ei oder in Stoffsäckchen binden. Zwiebeln in Ringe schneiden und Gelbe Rübe raspeln, zusammen in den Sud geben und zum Kochen bringen. Sind die Zwiebelringe glasig, Bratwürste in den nicht mehr kochenden Sud einlegen. Je nach Dicke die Würste 10 bis 15 Minuten ziehen lassen. Wenn sie blau geworden sind, zu frischem Bauernbrot oder Semmeln servieren.

Zoigl-Obatzda

Angemachter Bierkäse

200 g reifer Camembert

100 g reifer Limburger

ca. 50 g Butter

ca. 200 g Frischkäse

100 g Schmelzkäse

1 Zwiebel

1/4 Liter Zoiglbier

Salz, Pfeffer, Paprika

1 TL Kümmel

Camembert und Limburger mit einer Gabel fein zerdrücken. Butter, Frischkäse, Schmelzkäse, die klein gehackte Zwiebel und das Bier untermengen. Mit Salz, Pfeffer, Paprika und Kümmel würzen und dann kalt stellen. Beim Obatzdn haben die Oberpfälzer aus der Not eine Tugend gemacht und eine gut gewürzte Verwertung von Käseresten auf den Tisch gebracht.

Tipp: Beim Obatzdn kann man auch gerne statt des Nordoberpfälzer Zoigls Südoberpfälzer Wein verwenden.

Erdäpflkaas

Kartoffelkäse

750 g mehlige Kartoffeln

1 Zwiebel

1 Becher Sahne

1 Becher Sauerrahm

Salz, Pfeffer

Kümmel und Schnittlauch

Kartoffeln kochen, schälen und heiß durchpressen. Zwiebel fein hacken und mit Sahne, Sauerrahm, Salz, Pfeffer, Kümmel und Schnittlauch gut verrühren und unter die Kartoffeln mischen. Auskühlen lassen und auf frischem Bauernbrot servieren.

Stinkakaas mit Musik

Marinierter Limburger

500 g Limburger
4 große Zwiebeln
1/8 Liter Salatöl
Marinade:
3 EL Wasser
3 EL Weinessig
3 EL Zucker
1 TL Salz

Zwiebeln in Ringe schneiden und in gutes Salatöl einlegen. Marinade aus Wasser, gutem Weinessig, Zucker und Salz herstellen. Rühren, bis der Zucker gelöst ist. Limburger in Scheiben schneiden (einen halben bis einen Zentimeter dick), in eine tiefe Form legen und mit Zwiebeln bedecken. Dann die Essigmarinade darüber verteilen. Am besten schmecken dazu frisches Bauernbrot und Zoiglbier.

Tipp: Das Gericht lässt sich gut am Tag vorher herstellen: eine ideale Brotzeit, wenn Gäste eingeladen sind.

Schmankerl:

Rengschburger Wurscht

Mit deftigen Brotzeiten kennen sich die Oberpfälzer aus. Schließlich ist die Historische Wurstkuchl an der Steinernen Brücke die älteste Bratwurstküche der Welt. Das haben mittlerweile sogar die Richter bestätigt. Schon beim Bau der Steinernen Brücke im 12. Jahrhundert sollen sich dort die Arbeiter für das damalige Weltwunder gestärkt haben. Es ist also durchaus möglich, dass auch die Bratwurst selbst eine Oberpfälzerin ist. Wenn's nicht so ist, macht das auch nichts. Schließlich gibt es da noch die Rengschburger als Wurstspezialität aus dem Regierungsbezirk. Wer wann diese etwa zehn Zentimeter langen und vier Zentimeter dicken Knacker erfunden hat, ist leider nicht überliefert. Vermutlich sind sie in der zweiten Hälfte des 19. Jahrhunderts von einem Metzger der Donaustadt erstmals angefertigt worden. Echte Regensburger bestehen aus Schweinefleisch und gekuttertem Magerbrät allererster Güte, die in einen Rinderkranzdarm gefüllt, mit Buchenholz geräuchert und abgebrüht werden. Ein Klassiker ist es, die Wurst auf einer Semmel mit süßem Senf, Gewürzgurke und Meerrettich zu essen. Aber auch als Wurstsalat, mit Kraut oder als Zutat für verschiedene Gerichte ist die Wurst ein kulinarisches Erlebnis.

Rengschburger Wurschtsalat

Regensburger Wurstsalat

8 bis 12 Regensburger
Zwiebeln
Marinade:
Salz
Pfeffer
Weinessig
Öl
Prise Zucker

Pro Person zwei bis drei Regensburger in feine Scheiben schneiden. Reichlich Zwiebeln fein schneiden. Aus Salz, Pfeffer, Weinessig, Öl und einer Prise Zucker Marinade herstellen und abschmecken. Dann Zwiebeln gut mit der Wurst vermischen, Marinade darübergeben und ziehen lassen. Dazu schmecken ein frisches Bauernbrot und natürlich Zoiglbier.

Ziedara / Gstandns

Hausgemachte Tellersulz

Reichlich Schwarten und vordere Schweinshaxn
2 Eier
4 Essiggurken
2 Gelbe Rüben
Petersilie
Essigsud:
3/4 Liter Wasser
1/4 Liter Weinessig
1 EL Salz
5 EL Zucker
1 Zwiebel
10 Wacholderbeeren
2 Nelken und 1 Lorbeerblatt

Aus Wasser, Weinessig, Salz, Zucker, fein gehackter Zwiebel, Wacholderbeeren, Nelken und Lorbeerblatt Essigsud zubereiten und abschmecken. Schwarten und vordere Schweinshaxn zugeben und richtig weich kochen (ein bis zwei Stunden).

Dann das Fleisch von Schwarte und Knochen lösen und kalt werden lassen. Eier kochen und kalt werden lassen. Das Fleisch in Scheiben schneiden, in Suppenteller legen und mit Eischeiben, in Fächer geschnittenen Essiggurken und gekochten Gelbe-Rüben-Scheiben garnieren. Noch warmen Essigsud darübergießen, kaltstellen und später mit Petersilie garnieren und mit knusprigem Brot servieren.

Tipp: Auch Bratenreste lassen sich prima zu Sulz verarbeiten. Dazu kalten Schweinsbraten in Scheiben schneiden, portionsweise in Suppenteller legen, wie bei der Knöcherlsulz dekorieren und noch warmen Essigsud darübergießen und kaltstellen.

„Goud wor's", hat dersell Pfarrer
nach dem Essen zu seinem geistlichen Mitbruder
gesagt, bei dem er eingeladen war.

„Aber d' Suppn hätt so warm sa müssn
wöi da Rotwein,
da Rotwein so alt wöi d' Gans,
und d' Gans so fett wöi dei Köchin ..."

Schmankerl:

Weichser Radi

Wenn Weichser Radi auf den Tisch kommt, dann schnalzen Biergartenfans mit der Zunge. Der nach dem Regensburger Stadtteil Weichs benannte Rettich ging zu Beginn des 20. Jahrhunderts bis nach Hamburg und Berlin. Das sandige Schwemmland, das die über die Ufer tretende Donau alljährlich neu mit Nährstoffen versorgte, war der ideale Nährboden für die rassen, weißen Wurzeln. Der Radi ist nicht zu scharf und passt, wenn er nach dem Salzen geweint hat, ideal zu Bier und Brotzeit. Heute kommt man nur noch mit Glück und Beziehungen an einen echten Weichser Radi heran. Das Dorf Weichs ist nach Regensburg eingemeindet worden, die Felder sind zugebaut. Radi gedeiht dort nur noch in Haus- und Vorgärten. Rettiche gibt es an den Standln auf dem Regensburger Donaumarkt, auf dem Alten Kornmarkt und beim Adlerbrunnen aber noch immer. Allerdings stammen sie nicht mehr aus Weichs, sondern anderen Anbaugebieten.

Radi-Radieserl-Salat

1 Radi
1 Bund Radieschen
1 Gurke
2 EL Essig
2 EL Öl
Salz
Pfeffer
Zucker
3 EL Sauerrahm oder Salatcreme

Den Radi schälen und in dünne Scheiben schneiden. Die Radieserln und die Gurke dünn schneiden oder hobeln und mit dem Radi in einer Schüssel vermengen. Essig mit Öl, etwas Salz, Pfeffer und Zucker anrichten. Dann den Sauerrahm untermischen.

Tipp: Noch etwas leckerer wird der Salat, wenn man ihn mit Nussstückchen (am besten Hasel- oder Walnuss) garniert.

Rankerl
Randstück vom Brot

Mongdratzerl
ein kleines Häppchen

Gänsloibl
aus Teigresten gebackenes Minibrot

Schurz
Kochschürze

Broudwirscht
Bratwürste

Spülhadern
Spültuch

Kimmerling
Gurke

Regionale Herkunftszeichen aus der Oberpfalz

Oberpfälzer Karpfen

sind Naturprodukte von höchster Qualität. Der Oberpfälzer Karpfen ist sogar von der EU in Brüssel als regionale Spezialität geschützt. Die Fische mit diesem Logo werden auf naturnahe Weise in extensiver Form auf der Grundlage von Naturnahrung und Getreide in der Oberpfalz erzeugt. Fischgerechte Produktion und kurze Vermarktungswege „Frisch vom Teichwirt" garantieren unvergleichliche Frische und einen hervoragenden Geschmack.

Weitere Infos: www.teichgenossenschaft-oberpfalz.de

Original Regional

Mit der Kampagne „Original Regional aus dem Oberpfä Wald" unterstützt das Regionalmanagement im Landkr Neustadt a. d. Waldnaab die heimische Direktvermarkt In einem Einkaufführer und einer Internet-Datenbank präsentieren sich Erzeuger und Dienstleister aus der Nordoberpfalz.

Weitere Infos: www.regionalmanagement.neustadt.de

Juradistl-Lamm

Die Schäfer arbeiten im Einklang mit der Natur. Sie erzeugen eine regionale Spezialität, die nicht nur gut schmeckt, sondern auch eine wunderbare Landschaft erhält. Kräuterreiche Trockenrasen und die Milch der Mutterschafe sind die Futterbasis der Tiere.

Weitere Infos: www.juradistl.de

Naturpark Nördlicher Oberpfälzer Wald

wird nur an gentechnikfreie Produkte aus Naturpark Nördlicher Oberpfälzer Wald, d den Landkreis Neustadt a. d. Waldnaab u Teile des Landkreises Tirschenreuth umfas verliehen. Garantiert nicht nur eine region Herkunft der Produkte und Zutaten, sondern die Umweltverträglichkeit bei der Vermarktung.

Weitere Infos: www.naturpark-now.de

Regensburger Land – nimm's regional

weist unter dem Motto „Heimat zum Schmecken" auf Regionaltheken aus dem Landkreis Regensburg hin. Die Gesellschaft für Regionalmarketing im Landkreis Regensburg will damit die Möglichkeit, heimische Produkte und Schmankerln aus der Region einzukaufen, erleichtern.

Weitere Infos: www.nimms-regional.de

Bayerwald-Jungrind

Dahinter steht der eingetragene Verein der Mutterkuhhalter im Bayerischen Wald. Die Mitglieder haben sich die Erzeugung von Rindfleisch mit hoher Qualität bei artgerechter Tierhaltung und extensiver Landbewirtschaftung auf die Fahnen geschrieben.

Weitere Infos: www.bayerwald-jungrind.de

So schmeckt

die Oberpfalz

Wer mit frischen Produkten aus der Region kocht, tut nicht nur etwas für seine Gesundheit, sondern stärkt auch die heimischen Betriebe, sichert Arbeitsplätze in der Region und hilft, Verpackungs- und Transportenergie sowie Wasser zu sparen. Stark verarbeitete Lebensmittel und Fertiggerichte sind oft sehr salzig, sehr fett und sehr zuckerhaltig. Sie beinhalten häufig wenig natürliche Vitamine, Mineralstoffe und Ballaststoffe, dafür aber künstliche Farb- und Aromazugaben sowie Konservierungsmittel, die bei übermäßigem Genuss sogar zu Gesundheitsschäden führen können. Auch bei frischer Ware in Supermärkten sollte man genau hinschauen. So kommen die allerersten Frühkartoffeln in der Oberpfalz zum Beispiel selten vom Bauern um die Ecke, sondern werden oft aus Ländern wie Ägypten oder Israel importiert. Unser Oberpfälzer Saisonkalender will Ihnen bei der Planung Ihrer Gerichte helfen. Und am besten schmecken ohnehin noch immer die Speisen, die es nicht das ganze Jahr über gibt. Lassen Sie sich die Oberpfalz auf der Zunge zergehen!

> **„Wenn's Zoiglbier rengd**
> **und Bratwürstl schneid,**
> **dann bitt ma an Herrgott,**
> **dass Weda so bleibt."**
>
> Schnodahüpfl

Heit
gibts
Hollerkuchle
Port 1,50

Bauernmärkte in der Oberpfalz

Altenstadt a. d. Waldnaab	mittwochs von 9 bis 13 Uhr, Großparkplatz Egerländerstraße
Amberg	freitags von 8 bis 13 Uhr auf dem Marktplatz
Berching	jeden 1. und 3. Dienstag sowie 2. und 4. Samstag im Monat von 8 bis 12 Uhr in der Altstadt
Burglengenfeld	donnerstags von 8 bis 12 Uhr auf dem Marktplatz
Cham	samstags von 8 bis 12 Uhr auf dem Marktplatz
Donaustauf	freitags von 13.30 bis 16.30 Uhr auf dem Festplatz, Regensburger Straße
Falkenstein	freitags von 13.30 bis 17 Uhr auf dem früheren Bahnhofsgelände
Kötzting	dienstags von 8 bis 12 Uhr auf dem Marktplatz
Neumarkt	samstags von 7.30 bis 12.30 Uhr in der Unteren Marktstraße
Neutraubling	freitags von 8 bis 12.30 Uhr auf dem Marktplatz
Obertraubling	freitags von 14 bis 17 Uhr, Regensburger Straße
Oberviechtach	donnerstags von 7 bis 11 Uhr auf dem Marktplatz
Parsberg	freitags von 13 bis 18 Uhr auf dem Stadtplatz
Pyrbaum	freitags von 7.30 bis 12.30 Uhr auf dem Marktplatz
Regensburg	donnerstags von 13 bis 17 Uhr, Landratsamt, Altmühlstraße mittwochs von 8 bis 13 Uhr, Stadtamhof
Regenstauf	donnerstags von 9 bis 12 Uhr an der Regenbrücke
Roding	freitags von 8 bis 12 Uhr, Festplatz „Esper“
Schwandorf	freitags von 11 bis 17 Uhr auf dem Marktplatz
Vohenstrauß	freitags von 13 bis 17 Uhr vor dem Rathaus
Waldmünchen	dienstags von 8 bis 12 Uhr auf dem Marktplatz
Weiden	mittwochs und samstags von 7.30 bis 12 Uhr auf dem Unteren Markt

Frische Lebensmittel aus der Oberpfalz

	Lebensmittel	Januar	Februar
	Aprikosen		
	Äpfel	V	V
	Birnen	V	
	Blattsalate, Kopf- Feldsalat	V	
	Blumenkohl		
	Bohnen/Erbsen		
	Broccoli		
	Brombeeren		
	Chicoree/Chinakohl	X	X
	Endiviensalat	V	
	Erdbeeren		
	Forellen	X	X
	Gelbe Rüben	V	V
	Gurken		
	Haselnüsse		
	Himbeeren		
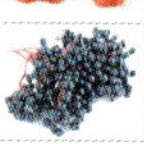	Holunder (Blüten/Beeren)		
	Johannisbeeren/Stachelbeeren		
	Karpfen (Mai bis August nur aus Fließgewässern)	X	X
	Kartoffeln	V	V
	Kirschen		
	Kohlrabi		
	Kürbis	V	V

l	Mai	Juni	Juli	August	Sept.	Okt.	Nov.	Dez.
			X	X	X			
	V			X	X	X	V	V
				X	X	X	V	V
	X	X	X	X	X	X	X	V
	X	X	X	X	X	X	X	V
	X	X	X	X	X	X		
	X	X	X	X	X	X	X	
				X	X	X		
					X	X	X	X
			X	X	X	X	X	V
	X	X	X					
	X	X	X	X	X	X	X	X
		X	X	X	X	X	V	V
	X	X	X	X	X	X		
					X	X		
			X	X	X	X		
	X	X		X	X	X		
		X	X	X				
	X	X	X	X	X	X	X	X
	V	X	X	X	X	X	V	V
		X	X	X				
	X	X	X	X	X	X	V	
			X	X	X	X	X	V

	Lebensmittel	Januar	Februar
	Lammfleisch	X	X
	Meerrettich	V	V
	Paprika		
	Pfirsich		
	Porree/Lauch	V	V
	Preiselbeeren		
	Radi	V	
	Radieschen		
	Rhabarber		
	Rote Rüben	V	V
	Schwarzbeeren		
	Sellerie	V	V
	Spargel		
	Spinat		
	Stachelbeeren		
	Tomaten		
	Waldpilze (Eierschwammer, Rotkappen, Steinpilze)		
	Walnüsse	V	V
	Weißkraut/Blaukraut	V	V
	Gehegewild (Sika, Damwild, Rotwild)	X	X
	Wirsing	V	
	Zucchini		
	Zwetschgen		
	Zwiebeln	V	V

x = frische Saisonware, v = aus Lagerhaltung

l	Mai	Juni	Juli	August	Sept.	Okt.	Nov.	Dez.
	X	X	X	X	X	X	X	X
				X	X	X	V	V
			X	X	X	X	V	
				X	X			
			X	X	X	X	X	V
			X	X	X	X	X	
			X	X	X	X	X	V
	X	X	X	X	X	X	X	
	X	X						
		X	X	X	X	X	V	V
			X	X	X			
			X	X	X	X	X	V
	X	X						
	X	X	X	X	X	X		
		X	X	X				
		X	X	X	X	X	V	
		X	X	X	X	X		
	V	V	V	V	X	X	V	V
			X	X	X	X	X	V
	X	X	X	X	X	X	X	X
		X	X	X	X	X	V	V
		X	X	X	X	X		
			X	X	X	X		
			X	X	X	X	V	V

Morgens:

Erdäpflsuppm oder Budasuppm oder
A(Ein)brennsuppm

Mittags:

Sonntag: Kraut, Gselchts, Dotsch

Montag: Übergebliebenes Kraut, Mehldotsch

Dienstag: Reisbrei, Erdäpfldotsch

Mittwoch: Knedln und Milchsuppe

Donnerstag: Kraut, Schoppala

Freitag: Erdäpflbrei und gebackene Knedl

Samstag: Geriebene oder ganze Gerste, Dotsch

Werktagsabends:

Kartoffel- oder Butter- oder Einbrennsuppe
Zuweilen Buttermilch und gebratene Kartoffel
(mit Haut in der Röhre gebraten)

Speiseplan aus den 20er und 30er Jahren des 20. Jahrhunderts aus dem Raum Tännesberg, niedergeschrieben von Dr. Josef Lutz

Aus den Privatunterlagen von Kreisheimatpfleger Peter Staniczek, Vohenstrauß

Ein

„Vergelt's Gott"

Paula Lang, Margit Frauenreuther und dem Regionalmarketing des Landkreises Neustadt a. d. Waldnaab, Sieglinde Grüner, der Bäckerfamilie Hutterer, den Mitgliedern von Juradistl-Lamm und Bayerwald-Jungrind, Klaus Mammay, Irene Wagner, Melanie Rauscher, Christine Klein und der Klostermühle Altenmarkt sowie der Berufsfachschule für Hauswirtschaft in Oberviechtach für die Abrundung der Rezeptsammlung, meiner Schwester Christine Stich, die als „Schreibbüro" unermüdlich tätig war, dem Bezirk Oberpfalz für die vielen Schnodahüpfln und Sprüchln, Professor Ludwig Zehetner für die Mundartkorrekturen, Erna Fellner vom Amt für Ernährung, Landwirtschaft und Forsten in Weiden für die Mitarbeit beim Saisonkalender, dem Oberpfälzer Freilandmuseum sowie all den anderen, die an diesem Werk beteiligt waren.

Quellenangaben:

„Gäih, sing ma oans", Ein Liederbuch des Bezirks Oberpfalz, 1998, Regensburg

„Aus dem Volksleben", Wolfgang Bauernfeind, Nachdruck 1979 im Verlag Oberpfälzer Waldverein

„A larer Sog stejd niad", Ilsebill Pröls, Sonderdruck Heimat Nabburg, 2005, Nabburg

Großes Oberpfälzer Kartoffelkochbuch, Inge Häußler(Hrsg.),
Mittelbayerische Druck- und Verlagsgesellschaft mbH, 1996, Regensburg

Bildhinweise:

Titelabbildung: stock.adobe.com/MP2
Archiv Oberpfälzer Freilandmuseum (S. 18 Ludwig Winkler, S. 112 Groth-Schmachtenberger; S. 140 Peter Bartmann, S. 156/157 Franz Weiß)
Christian Bauer (S. 78/79)
Wolfgang Benkhardt (S. 50, 148)
Hanna Duft (S. 144)
Fotoatelier Flor (S. 126)
Norbert Grüner (S. 76, 82/83)
Günter Moser (S. 74/75, 130)
Ingrid Popp (S. 38, 44/45, 49, 52, 73, 102/103, 114, 118, 133)
Stadt Cham (S. 134)
Claudia Ulrich (S. 58)
stock.adobe.com: Natasha Breen (S.8/9), Patryk Michalski (S. 10), fudio (S. 12), margo555 (S. 16/17), LIGHTFIELD STUDIOS (S. 20/21), juefraphoto (S. 30), HLPhoto (S. 31), 5ph (S. 33), Exclusive (S. 34), M.studio (S. 40, 107), Ildi (S. 62), Patrick (S. 64), kab-vision (S. 67), exclusive-design (S. 68/69), Andrzej Włodarc (S. 71), photocrew (S. 81), pilipphoto (S. 84/85), juefraphoto (S. 87), babsi_w (S. 88, 117), FoodAndPhoto (S. 90), Countrypixel (S. 92), finecki (S. 94), Alexander Raths (S. 96/97), flucas (S. 98), photocrew (S. 99), Juefrateam (S. 101), Vladimir (S. 104), Mirabelle Pictures (S. 108), Spectral-Design (S. 119), alicja neumiler (S. 128/129), Christian Jung (S. 138)
alle anderen Bilder von: de.freepik.com

Inhaltsverzeichnis

Fleischgerichte

Mehl-, Milch-, Pilzgerichte

Nachspeisen und Gebäck

Brotzeiten

Einkaufshilfen